29

DACIA MARAINI

Una casa de mujeres

TASCABILI

ΙΛΛΙ altamarea

Primera edición en esta colección: septiembre de 2025
Título original: *Una casa di donne*

© Dacia Maraini
© de la presente edición: Altamarea Edición de Libros SL
altamarea.es
altamarea@altamarea.es
© Foto pp. 100-101: *Las noches de Cabiria* (Federico Fellini, 1957)

Diseño de la colección: Sara Maroto Hebrero
Corrección: Cristina Herrera Barreiro

ISBN: 978-84-10435-80-3
DL: M-15156-2025

Impreso en España por Gráficas Solana en julio de 2025

DACIA MARAINI

Una casa de mujeres

Edición de
Silvia Datteroni

Traducción de
Clara Pardillo Velázquez,
Elvira Ramírez Vigil y
Aurora Viedma Herrera

Con esta edición se presenta el monólogo teatral *Una casa di donne* que Dacia Maraini escribió en 1977 y que fue llevado a escena con motivo del Todi Festival en 2017, bajo la dirección de Jacopo Squizzato, con la participación de la actriz Ottavia Orticello y la guía artística de Eugenio Murrali.

A Manila

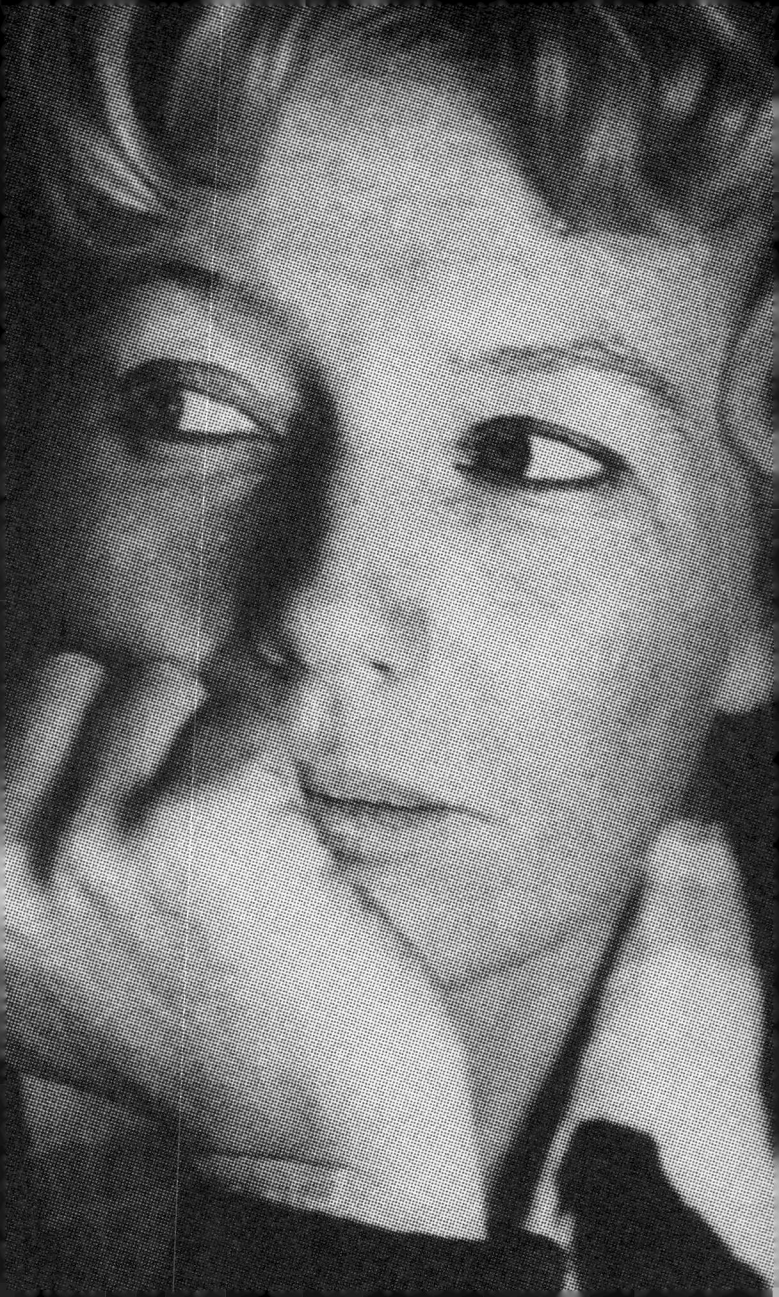

SILVIA DATTERONI

Introducción

Conocí a Manila en 2019, durante la representación teatral del monólogo *Una casa di donne* (1977) de la escritora Dacia Maraini, organizado por la Società Dante Alighieri de Granada en la librería Sostiene Pereira.

Era su primera vez en España y ella dadivosamente se abrió a un público extranjero que desconocía su historia y sus avatares.

Manila es una mujer frágil y empoderada.

Manila es una prostituta de otros tiempos y de los tiempos presentes.

Manila es la protagonista de *Una casa di donne,* una pieza teatral escrita a finales de los setenta, que ha permanecido inédita en castellano hasta la fecha y que hoy se publica en este volumen en edición bilingüe, en italiano y en español, gracias a la generosidad de su autora, Dacia Maraini, y al interés de la Società Dante Alighieri de Granada.

La historia de Manila es fácil de resumir: licenciada en Filosofía, en un momento de extrema lucidez decide acabar con su vida «perfecta» decantándose por una existencia socialmente discutible que la conduce hacia el camino de la prostitución. En su nueva etapa, Manila comparte piso con Marina y Erica, dos compañeras víctimas de abusos y con un pasado familiar nefasto, que se dedican al mismo trabajo.

Pese a sus antecedentes, este brillante monólogo prescinde del victimismo y el mensaje que transmite recae sobre el público desafiando paulatinamente su aburguesado sentido común. Dacia Maraini nos propone contradicciones sociales estructurales de la sociedad de entonces —y de ahora—, dando una voz de alarma que todavía resuena en todos nosotros. Se trata de una crítica social radical pero no definitiva que nos empuja a considerar la prostitución como un acto de rebelión: un recurso social, al fin y al cabo, para mujeres como Manila que deciden luchar contra un inmovilismo colectivo que sigue perpetuando atávicas estructuras vejatorias. *Una casa di donne* termina convirtiéndose en un provocador y polémico símbolo de libertad, introduciendo un interrogante moral muy incómodo para toda conciencia adormilada. Con Manila, la autora nos da la oportunidad de reconsiderar patrones de conducta

muy interiorizados, que responden a una supraes-
tructura social apuntalada por tres pilares difícil de
agrietar: sociedad patriarcal, machismo y subalterni-
dad femenina.

No es la primera vez que Maraini recurre a Manila para escenificar la condición de la mujer y la centralidad del cuerpo femenino como posibilidad de
empoderamiento. En 1973, de hecho, se publicó uno
de sus textos más experimentales, duros y líricos, ti-
tulado *Dialogo di una prostituta con un suo cliente,*
un acto único donde la protagonista emprende una
lucha dialéctica con un asiduo de la casa contra el
predominio masculino y la subordinación femenina en la sociedad de la época. En esta pieza teatral
Manila socava hábilmente roles y jerarquías con un
discurso provocador que denuncia una continua
reificación y estigmatización de la mujer prostituta,
destacando paralelamente limitaciones importantes
impuestas a la condición femenina *latu sensu* por la
sociedad patriarcal. Como afirma la autora, en esta
pieza el escándalo

stava nel fatto che la prostituta non era l'oggetto della
storia, ma il soggetto pensante. Infatti lei non si spoglia,
non si propone come la bella perduta, cattiva o buona,
ma come un corpo messo in vendita dalla stessa pro-
prietaria di quel bene. Manila si vende consapevolmente

[…] sa quello che fa e rivendica la libertà della sua scelta.[1]

Con *Una casa di donne,* cuatro años posterior, la decisión de Manila de dedicarse a la prostitución cobra más centralidad aún y el discurso se hace más introspectivo. Maraini decide retroceder en el tiempo, presentándonos a una Manila recién egresada de la universidad que empieza a desdibujar su futuro aclarando al público las razones de su decisión tan radical. Pese a la posteridad de la fecha de su creación, el «monólogo» puede considerarse tanto preámbulo biográfico como desenlace ideal de la historia de Manila contada en el «diálogo», al ser una pieza que respalda y sustenta ideológicamente las decisiones del «segundo» sexo a la hora de luchar contra el «otro» sexo para reafirmar su emancipación.

El cuerpo femenino es un tema clave en la producción de Dacia Maraini, así como la recuperación de su centralidad está en las bases de muchas teorías feministas (Simone de Beauvoir, Luce Irigaray) que acompañan y retroalimentan la propuesta teatral de la autora.[2]

---

1 Dacia MARAINI y Eugenio MURRALI, *Il sogno del teatro. Cronaca di una passione,* Rizzoli, Milán, 2013, pp. 43-44.

2 En la producción de Dacia Maraini el tema del cuerpo femenino toca diferentes géneros. En narrativa lo hallamos en *La vacanza*

Maraini afronta esta problemática en su discurso dentro de un marco cronológico muy amplio y proponiendo obras que se caracterizan por una tensión constante entre creación literaria y ejercicio político. Un ejercicio político que la autora irá adaptando a distintos grados de intervención social —ya sea en los sótanos, ya sea en las salas oficiales— a través de una labor artística que desempeñará durante décadas con —y en— sus colectivos teatrales. Entre las etapas fundamentales recordemos Il Porcospino (1966-1967), el Circolo Culturale Centocelle (1971-1976), el Teatro La Maddalena (1973-1986) y el Collettivo Isabella Morra (1977-1990), algunas de ellas cronológicamente superpuestas.[3]

La idea de traducir *Una casa de mujeres* al español responde a una operación cultural que tiene como

(1962), *Memorie di una ladra* (1972), *Donna in guerra* (1975), *Lettere a Marina* (1989); en teatro lo afronta en *Il manifesto* (1969), *Dialogo di una prostituta con un suo cliente* (1973), *Una casa di donne* (1977), *Veronica, meretrice e scrittora* (1990); en sus libros de ensayos en *Un clandestino a bordo* (1969) y *Corpo felice. Storie di donne, rivoluzioni e un figlio che se ne va* (2018). Para una lectura exhaustiva sobre el tema, se remite a Sara GALLEGATI, «Corpo femminile e prostituzione in tre pièce di Dacia Maraini: *Dialogo di una prostituta con un suo cliente, Una casa di donne, Veronica, meretrice e scrittora*», *Altrelettere*, 11.2 (2022), pp. 1-27.

3 Sobre el teatro de Dacia Maraini, véase D. MARAINI y E. MURRALI, *Il sogno del teatro* [2013].

objetivo dar a conocer al público hispano una pieza teatral inédita, valiosa y sorprendentemente actual, capaz de insertarse en los principales debates feministas del sistema cultural de importación. La obra tiene una gran respuesta traductiva pese a dificultades puntuales debidas a su propia gramática interna y resumibles con el gran dilema de todo traductor: pérdida o traición. La historia de la traducción está repleta de voluntades de autor manipuladas y/o no escuchadas, a la vez que registra esfuerzos incesantes por parte de los especialistas para compensar, con estrategias distintas, los frecuentes «imposibles» fraseológicos y terminológicos. Un esfuerzo continuo para llegar a *«dire quasi la stessa cosa»*,[4] apuntando a un *«uguale ma diverso»*[5] sin poder captar ese definitivo ruido de fondo que caracteriza el texto. En el caso específico de *Una casa de mujeres,* las jóvenes traductoras que han llevado a cabo la operación han tenido que lidiar con una compleja arquitectura semántica y una *«polyphonie informationnelle»*[6] ocasionadas por bruscos cambios de registro relativos —también— a factores paralingüísticos (prosodia,

4 Umberto Eco, *Dire quasi la stessa cosa,* Bompiani, Milán, 2003.

5 Francesca Ervas, *Uguale ma diverso. Il mito dell'equivalenza nella traduzione,* Quodilbet, Macerata, 2008.

6 Cfr. Roland Barthes, *Essais Critiques,* Éditions du Seuil, París, 1964.

proxémica, deixis, etcétera), indispensables para enmarcar la hibridez del texto teatral dentro de su específica perspectiva comunicativa. El proceso de traducción y restitución textual ha supuesto, además, una operación previa de historización de la obra, acompañada de un enfoque analítico sincrónico y diacrónico que ha permitido individuar tanto la voluntad filológica de la autora como el contexto de producción de la pieza.

Se ha tratado de una negociación constante entre el prototexto y la cultura de llegada, para adaptar el mensaje a una realidad diferente en espacio y tiempo. A este respecto, la traducción no solo se ha propuesto domesticar (en el mejor sentido de la palabra) el texto para su circulación en otra cultura, sino que ha contribuido a una recuperación transgeneracional de problemáticas sociales nunca resueltas, como la prostitución y las casas de citas. Estamos, por lo tanto, frente a una operación traductológica que podríamos considerar una creación: creación de un discurso social fechado que va actualizándose en estas páginas, (re)creación de una época y un contexto que se desvinculan de su perímetro geográfico para adaptarse y resignificarse en otras latitudes y, finalmente, creación de un nuevo público lector, todavía dispuesto a escuchar el mensaje de Manila.

Este breve libro es deudor del genuino interés de muchos sujetos implicados en su realización. Quiero dar de nuevo las gracias a la escritora Dacia Maraini, cuya generosidad hizo posible esta propuesta de traducción y su posterior publicación en lengua española. *Grazie infinite* también a la deslumbrante actriz —y amiga— Ottavia Orticello, quien me presentó por primera vez a Manila en 2019 y me animó a dar a conocer su historia en España. Mi más sincero agradecimiento a la Società Dante Alighieri y a los compañeros del Departamento de Filologías: Románica, Italiana, Gallego-Portuguesa y Catalana de la Universidad de Granada, por el interés y el apoyo demostrados en la ejecución de este proyecto. Por último, gracias a mis alumnas Clara Pardillo Velázquez, Elvira Ramírez Vigil y Aurora Viedma Herrera por haber aceptado y llevado a cabo brillantemente este desafío.

Silvia Datteroni
Granada, 25 de marzo de 2024

Una casa di donne

MONOLOGO
(1977)

PERSONAGGI

MANILA, una prostituta

MANILA È un tipo alto, bruno, sofisticato, con le unghie ben curate, i nei al posto giusto... un sacco di nei, lui li chiama le mie costellazioni... c'è Urano, c'è l'Orsa maggiore, l'Orsa minore, li conta i suoi nei, mi ci fa mettere il dito sopra, dice: hai visto come sono belli! ... è un tipo educato quando fa una scoreggia dice: scusa! quando si pulisce i denti col dito, dice: non guardare, scusa... Ha gli occhi a mandorla, di un bel colore can che fugge... viene qui ogni domenica, ogni domenica da quando abito in questa casa.

Erica lo odia. Quando lo vede, scantona. Ma Erica odia tutti gli uomini; lei stessa dice: non so se è il mestiere che mi ha fatto odiare gli uomini o è l'odio per gli uomini che mi ha portato al mestiere. Fatto sta che quando lavora ce la mette tutta per rovinarli... li frusta, li spillona, li spoglia nudi, li fa mettere a quattro zampe, li fa abbaiare, gli brucia i coglioni con la candela, poi li spela bene bene... lei non si spoglia mai; non concede mai niente, si limita a dare delle gran botte vestita come un cherubino tutta di ferro e cuoio azzurro... ed è quella che ha più clienti qui dentro...

L'altro giorno abbiamo fatto un pranzo, c'erano anche mia madre, mia zia Oriana, la mamma di Erica e la fidanzata del fratello di lei... Marina ha cucinato un coniglio al forno che era una squisitezza... io ho sempre un po' di disgusto: gli animali mi piacciono vivi... quando sono lì cotti, con quelle braccine da bambino, quelle gambette rattrappite, anche il pollo, anche il tacchino, la lepre... poi... bè, io mi sento andare via la fame... ho la maledetta tendenza a farmi tutt'uno con le cose, con le persone... subito penso alla lepre che corre in mezzo ai fili d'erba alti ma non abbastanza per nasconderla, che salta sul prato col cuore che le batte, mentre sente i fili umidi che le rasentano le orecchie, sente l'odore della terra bagnata che le è famigliare, sente le zampe che aderiscono al suolo, ma scivolano, non sono abbastanza veloci, e il suo cuore batte sempre più forte e l'erba bagnata ora sembra trattenerla, affonda le zampe nella melma... e poi lo sparo! ecco, come uno schiocco di frusta e la lepre pensa: sono colpita, sono colpita, sto morendo ma ancora corre e per un momento le viene da piangere tanto è felice di sentire ancora i fili bagnati dell''erba sotto la pancia... e invece di colpo, ecco, si sente mancare, le si chiudono gli occhi da soli, rotola su un fianco, vede il sangue che si spande sulla terra, pensa: io voglio vivere ed è morta... ecco, come fai a masticare quella cosa che corre nella tua fantasia... Sei tu che corri, dice Erica che non si commuove di niente e dice che sono una sentimentale cretina che si fa mettere nel sacco dal primo venuto... ha ragione, lo so... sei tu che corri e ti senti colpita, sei tu la lepre che viene ammazzata... da te stessa, naturalmente, che sei nello stesso tempo il cacciatore e la cacciata... non c'è niente da fare, sei una fessa, una fessa, una fessa, una fessa... parla come mia madre, proprio come lei...

Senti, Manila, se tu non la smetti di pensare come una bambina di due anni non ce la farai mai... comunque togliti quelle scarpe, sono mie...

Ma mamma, me le hai regalate l'altro giorno.

E ora me le riprendo.

Ma me le hai regalate!

Ieri. Oggi no.

Vaffanculo, non te le do.

Toglitele subito...

E che mi metto?

Il cavolo che vuoi.

Col cavolo non ci cammino per strada.

Arrangiati, io rivoglio quelle scarpe.

Che poi te le ho regalate io, se mi ricordo bene…

Che fai, mi rinfacci i regali?

Non ti rinfaccio niente… dico che te le ho comprate io queste scarpe…

E con questo? sono mie, me le hai regalate e sono mie e io me le tengo, va bene.

E io non te le do.

Ti comporti come una bambina, tale e quale quando avevi cinque anni, cinque anni…

E tu, come allora, mi fai le prepotenze… come allora…

Stai zitta, scema, che mi hai rovinato la vita…

Io…?

Tu, tu…

Ecco, la mamma e io andiamo avanti così per ore. Lei dice che le ho rovinato la vita. Io dico che è lei che me l'ha rovinata a me. Fa finta di non ricordare com'era quando io avevo cinque anni e sembravo un ragazzino pelato e infelice… che le correvo dietro, le rubavo il profumo per sentirmela vicino, l'aspettavo la notte fino alle tre. E ogni volta che entrava in casa con un uomo diverso andavo in bagno a lavarmi… mi lavavo per ore, col sapone da cucina, strigliandomi, strofinandomi, strappandomi la pelle… mentre mi lavavo cantavo per non sentire nessun rumore di letto, nessun rumore di risata, nessun rumore di passi... una volta ho sentito un urlo così forte che ho pensato che avesse ammazzato l'amante... mi sono precipitata nella stanza da letto e l'ho trovata lì, nuda e stravolta... lui sembrava morto, aveva gli occhi rovesciati, le labbra tirate e lei buffa, coi capelli sulla faccia, spaventata, buffa...

Dunque, dicevo che abbiamo fatto una gran festa, un pranzo magnifico Erica, Marina, la mamma, la zia Oriana ed io.

Marina ha cucinato il coniglio al forno con le patate. Tutti dicevano che era molto buono. Io l'ho assaggiato appena e poi l'ho lasciato lì. Le patate, si, erano buonissime. La mamma era molto bella, con quel vestito arancione che le avevo regalato per Natale, la collana di corallo, pure quella regalata da me per il suo cinquantesimo compleanno... qualche volta la guardo e penso: sarò esattamente come lei a cinquanta anni e mi viene voglia di ucciderla... non sopporto quell'aria da cane randagio che ha... quella furbizia che le si è addensata all'angolo degli occhi, quei lampi di furbizia cattiva, l'avarizia che salta fuori dalle sue mani rugose, corte, con le unghie mangiate, non sopporto quella sua bocca che trattiene il cibo, masticando masticando come un dromedario, attenta a tutti i sapori, gli odori; non sopporto la sua bontà... non è che proprio sia buona, ma si lascia andare, si mette comoda su una poltrona e se gli altri la minacciano lei si ingobbisce tutta, si fa piccola, come a dire: fate pure… non mi piace come beve il vino, aggrappandosi al bicchiere come fosse l'"ultimo della sua vita… non mi piace come guarda i piatti pieni degli altri, come tira su col naso, come si tocca la pancia gonfia, come si mette seduta con le ginocchia allargate… ho la sensazione precisa che sto diventando come lei… l'altro giorno nel prendere un bicchiere di vino ho notato le mie dita che diventavano pallide per la pressione che ci mettevo… per la rabbia ho scaraventato il bicchiere contro il muro…

Un pomeriggio d'estate, nella mia stanza. C'è la finestra aperta. Entra uno strano odore di foglie marce e asfalto scottato dal sole… io sto facendo l'orlo a una gonna… lei fa dei conti seduta sul letto… Erica è più giovane di me, ha la faccia perfetta, sembra una statua. Glielo dico. Mi guarda come se avessi detto una gran scemata. In effetti forse l'ho detta. Sta contando i soldi. Le sue dita sono belle, lunghe, larghe, coi polpastrelli piatti, da sportiva, i pollici forti, danno un'idea di robustezza e calore come una che sa prendere in mano le cose e tenerle… Dico: senti, Erica, ma perché non ce ne andiamo un po' fuori dai piedi? E dove? Che ne so, all'estero, i soldi ce li abbiamo, non ne posso più di questa città schifosa… Lei mi fa ehm ehm… Potremmo prendere la macchina di Marina e andare in Olanda, che ne dici? Perché in Olanda? Perché è bella. Come lo sai? Bè, ho visto delle fotografie all'agenzia di viaggi. E tu giudichi un paese dalle fotografie, non lo sai che sono tutti belli i paesi, secondo le agenzie? Non fa niente, ci leviamo dai coglioni, stiamo bene, vediamo facce nuove, strade nuove, stiamo fra di noi… Bel divertimento! dice lei e ride… quando ride è meno bella perché ha i denti macchiati di nicotina e poi ne ha quattro falsi sul davanti perché ha avuto un incidente quando aveva quindici anni e andava col motorino per il suo paese… Marina mi deve restituire seicentomila lire. Le restituirà. È sempre malata quella lì. Per me dovrebbe cambiare mestiere.

Allora mia madre mi fa: levati dai coglioni che mi rompi! e io con quelle due trecce che mi tiravano i capelli, quella faccia da topo preso in gabbia, quegli occhi che si intrufolavano dappertutto, io dico: mamma, c'è la zia Oriana che ti vuole al telefono! dille che sto scopando e non mi rompa le scatole! Ecco, la zia Oriana aspettava lì e io ci ho messo un mese a fare quei dieci metri che mi portavano al telefono… Intanto pensavo: dentro il suo ventre c'è una cassa da morto e dentro la cassa da morto ci sono io che mi mangio un cioccolatino al latte... pensavo pensavo e mia zia Oriana aspettava al di là del microfono... pensavo a una grondaia da cui l'acqua cola gorgogliando gorgogliando... e poi cascavo in un pozzo fondo colmo di acqua scura. Finalmente arrivo al telefono, col cuore che mi batte e dico: zia Oriana, la mamma non puòò venire, sta nel bagno, si sta lavando i capelli... mi avevano insegnato a essere perbene, non si dice scopare, non si dice chiavare, non si dice fica...

Anno 1976. Ho ventisei anni. Mi sono appena laureata in Filosofia con una tesi su Platone. E' una sera di agosto. Mia madre sta a letto col mal di testa. Tiene tutto chiuso, una pezza bagnata sugli occhi, non sopporta neanche una goccia di luce, non sopporta un rumore, niente... dovrei cucinare la cena... ma non mi va... dovrei telefonare a Paolo, ma non mi va... dovrei prepararmi per il concorso per un posto al ministero ma non mi va... così senza pensarci mi vesto ed esco, senza neanche avvertire mia madre... avevo un vuoto allo stomaco, non mangiavo dalla sera prima... ma non avevo neanche voglia di mangiare... quel languore mi dava un senso di leggerezza, di euforia... dico: ora arrivo in fondo alla strada e torno... cammino cammino, arrivo in fondo alla strada, attraverso il ponte, imbocco un'altra strada, attraverso la piazza… poi, ecco, mi trovo in un punto pieno di alberi, metto i piedi su un prato rognoso coperto di cartacce. Non penso a niente, vedo appena dove vado.

Sono trasportata dalla mia trepidante irrequieta fame… spinta in avanti ciecamente. Di colpo un urto violento… faccio fatica a stare in piedi… mi trovo addosso un corpo di donna… sento il calore del suo petto contro il mio, sento il suo fiato sul collo… sono paralizzata dallo stupore… la donna si avvinghia a me senza dire una parola. Davanti, al di là della sua spalla, vedo un uomo che rabbiosamente prende a calci il fianco di una grossa macchina sportiva, poi vi monta sopra e se ne va. La donna adesso mi pesa addosso come fosse svenuta. Tiro su le braccia per sorreggerla, mi accorgo di avere la manica sporca di sangue… Vorrei stenderla per terra, vorrei vedere dove è ferita, vorrei guardare la sua faccia, ma lei resta avvinghiata a me con forza disperata e non mi lascia muovere. Resto con la faccia di lei affondata tra collo e spalla, sento il suo cuore attraverso la camicia come un bussare furioso e insistente… Tutto quello che è successo dopo me lo ricordo appena: lei improvvisamente si è staccata e senza dire una parola si è allontanata di corsa tenendosi il fianco ferito con una mano… non ho quasi visto la sua faccia… soltanto per un attimo ho intravisto due occhi scuri e grandi circondati da profonde rughe e la radice nera dei capelli lunghi e biondi.

Io voglio morire | voglio vedere la riva dell'Acheronte | fiorita di loto, fresca di rugiada… Io voglio morire | voglio vedere la riva del Tevere | fiorita di petrolio, zuppa di allegrezza cittadina… Saffo com'era? Bionda, bruna, piccola, alta? Io la immagino piccolissima, con delle mani grandi, dei piedi piccolissimi, due occhi piccoli e gialli, una bocca generosa, dei capelli lunghi, tanto lunghi e pesanti che le fanno da coperta… e cammina come una papera e ha l'intelligenza di un'aquila, la delicatezza di un ciclamino, la cocciutaggine di un asino, la bellezza fonda e disperata di una figlia che non vuole essere madre…

Avevo eliminato il sesso dalla mia vita… ci ero riuscita in maniera meravigliosa… non mi masturbavo nemmeno più; al posto del ventre avevo una pietra scintillante, al posto del cuore una vongola sprangata… dormivo a lungo, senza sognare mai, mi lavavo molto, con cura meticolosa, mangiavo poco e senza gusto, mi dedicavo agli studi… ero diventata una certosina. I libri, anziché leggerli, li ricopiavo nella memoria, li inghiottivo, senza veramente capirli, senza amore e senza gioia, per pura costrizione… facevo tesi a pagamento ricopiando minuziosamente e pedestremente le lezioni dei più incomprensibili insegnanti. Ero un'accademica perfetta... piena di dedizione astratta e passiva. Solo qualche volta trasalivo per una frase: *tethnànai d'adòlos thélo*... vorrei veramente essere morta, era il grido di Saffo che mi tornava in mente quando mi svuotavo delle feci al gabinetto.. non so perché proprio in quel momento... *tethnànai d'adòlos thélo... kélomai se | Gongulas*... ti prego, Gongula, mettiti la tunica bianchissima... e ti prego, Gongula, ti prego, Gongula.

Paolo, ecco, di Paolo non ho parlato: era stato il mio primo grande amore, il mio primo corpo d'uomo, nato e cresciuto da me, nutrito da me... amore, ti amo, ti amo tanto, voglio che tu mi sei fedele fino alla morte, voglio che sei mia, sempre mia, voglio prenderti tutta, averti tutta, tenerti stretta a me, mangiarti coccolarti, goderti, chiuderti, possederti... Manila, amore mio, vieni a vivere con me... era talmente affettuoso, talmente innamorato che non potevo dirgli di no, non potevo dirgli di no... ci siamo amati come due squali, mangiandoci l'un l'altro. Paolo, il tenerissimo Paolo, che mi ha svuotata delle mie viscere, per metterci al suo posto qualcosa di costruito da lui... un cuore con l'impronta della sua faccia, un fegato con l'impronta dei suoi denti, un intestino con l'impronta delle sue amarezze, piatte e lunghe come onde schiacciate dal vento...

Dunque Paolo diceva che io non sapevo fare l'amore, che ero fredda, stupida, goffa, sciatta, pasticciona... lui era naturalmente solerte, pratico, generoso, abile, magnifico, grandioso, pieno di inventiva e di fantasia... morale: non ero degna di lui... cioè, se volevo essere degna, dovevo lasciarmi forgiare, modellare, dovevo diventare una sua copia, una sua appendice, una figlia amorosa e amata uscita dal suo cervello divino.

Odiava mia madre. La chiamava «quella lì» e mi proibiva di vederla. Mia madre lo ricambiava in peggio. Mi diceva: liberati di quella piattola, ti sta succhiando la vita... quella merda, bambina, ti soffocherà...

E io che penosamente mi dividevo fra i due... mamma, ti prego, non lo conosci è meglio di quello che credi... in fondo è generoso, è buono... Una marmotta, ecco cos'è, Manila, una marmotta pelosa e senza occhi, buttalo, buttalo!

È una baldracca! diceva lui, una vecchia troia. Le discussioni con Paolo, su mia madre finivano così... Ti prego, Paolo, tu non la conosci, non sai niente di lei, cerca di capire...

Allora, questo viaggio quando lo facciamo?... Erica mi guarda, sta seduta sul letto, ha le gambe nude, i piedi nudi, un camicione da uomo che le arriva al sedere, largo e spiegazzato, intorno alle caviglie ha due nastrini gialli… posa il giornale che sta leggendo, mi guarda con quel sorriso buffo per cui le voglio bene nonostante le sue cattiverie… bè Manila, allora, il viaggio? sono contenta che me lo dica anche se in viaggio non ci andremo mai. Marina è malata, la macchina è rotta e nessuna di noi due ha voglia di fare la fatica di preparare i bagagli…

Oggi è domenica. È venuto quello dei nei. Urano, hai visto e questa è Cassiopea, Cas-sio-pe-a dice contando a uno a uno gli splendidi nei che spiccano sulla pelle bianca. Ogni volta mi promette di più per sodomizzarmi. Ma io no… puoi darmi pure un milione, non lo faccio… Ma perché, anima mia? Perché no e basta. Ma tu non sei una prostituta qualsiasi… queste sono convenzioni, tabù della prostituta tradizionale, e tu sei tutt'altro che una prostituta tradizionale, anzi, ti dirò per me non sei nemmeno una prostituta… E cosa sarei? Bè, non, una etera, una *kore*, una strana serpentessa dei tempi andati. E tu hai mai provato a metterla in culo a un serpente?… ride, si conta i nei e ride in silenzio.

Ha i denti storti e una bella lingua rossa. Viene qui da tante domeniche, non so neanche quante… è un cliente affezionato, un cliente affiatato, un cliente di fiducia…

Vado a trovare Marina. Sta a letto, col fazzoletto in testa, un pacco di riviste sulle gambe. Vuoi che chiamo il dottore? No, no, lascia stare… tanto so come curarmi… Ma si può sapere di che sei malata? E che ne so? mi prendono dei crampi qui, all'altezza del petto, mi manca il fiato, mi sembra di diventare di vetro… Non riesco a mangiare, a bere… devo stare ferma e pensare a niente…

Erica dice che è la malattia della scemenza; la scemenza di essere quella che sei, vuoi sputare fuori dal petto la donna che sei, hai paura, e ti impietrisci il petto per punirti.

A vederla girare con quei fiocchi sulle caviglie, quei capelli quasi rosa, a furia di essere ossigenati, quelle grandi camicie da uomo, quegli occhi ironici e cattivi viene voglia di darle ragione. Lei gli uomini non li ha mai amati, neanche per un momento, non ha mai avuto tentazioni, mai mai… è una vergine di ferro, una vergine imbronciata e sorridente, una grande dea che brucia la sua vita per voluttà, per noia…

Marina piange. Mi chiede di abbracciarla. Ha le spalle calde, il fiato acido, il seno morbido… l'abbraccio come abbraccerei me stessa, senza amore, con dolcezza e comprensione. Aspiro l'odore di sigaretta, acqua di rose e sudore che esce dal suo corpo malato. Le sue braccia si aggrappano al mio collo.

Improvvisamente mi salta alla gola un ricordo… anni fa, ai giardini, una donna insanguinata… anni fa… ai giardini… ecco, è come se ripetessi quell'abbraccio… io e lei… io e io… senza sapere perché, dove, quando… incontrare il proprio mistero dentro un corpo di donna malata… Più tardi mi alzo, cucino una torta di mele e la mangiamo insieme… Marina mi dice nell'orecchio… sono una merda, non so fare niente, non riesco a fare niente, sono una merda, una merda, una merda… Marina, scema, cosa dici che sei bellissima e sei bravissima. A fare che? a fare che? tutto Marina, sai fare tutto, sai cucinare a meraviglia, sai raccontare stupendamente i sogni, sai ballare, sai cantare, sai essere una buona amica… Ti sbagli, Manila, non so fare niente, faccio solo schifo, sono una merda e voglio morire…

Intanto Erica, da vera perfida qual è, ci ha portato via due clienti, uno mio e uno di Marina… Lei se ne frega, lei è una fredda, una dura, poi se le chiedi almeno una parte dei soldi ti sputa in faccia… non sono mica una piagnona come voi, io! non mi sbrodolo addosso, mentre voi piangete io mi ficco le carte da diecimila in fica, chiaro!

È venuto Paolo. Mi ha parlato della moglie, dei figli. Ne ha una che si chiama Manila, come me. Dice che non mi può dimenticare. Una sfilza di complimenti insomma per poi chiedermi alla fine

dei soldi. Quanto vuoi? Bè, trecentomila. Sono trop-
pi. Ma cosa sono per te, Manila, che guadagni tanto... lavoro, io! Lo so, Manila mia, lo so che lavori,
tu sai che rispetto il lavoro di tutti, persino quello
del ladro... io non giudico, non faccio il moralista,
io dico solo dammi una mano che sto nei guai. E tu
non guadagni? Sì, guadagno ma con due bambini e
una moglie che sta a casa, tu capisci...

Fa l'impiegato il mio amore Paolo, il mio glorioso e geniale amore e ora viene a leccarmi i piedi per
avere dei soldi. Non dicevi che con questo mestiere
mi rovino? No, bè, dicevo che ti rovini la salute,
mica altro... è come un operaio in fabbrica, a furia
di trafficare coi collanti velenosi, sai, i polmoni...
Io traffico con la fica e senza collanti, a te una volta
ti faceva schifo il mio lavoro. Non l'ho mai detto,
Manila, questo non puoi sostenerlo... io ho solo
detto che ti potevi rovinare la salute, tutto qui. Ti
ricordi come ci siamo lasciati? La sua beata faccia
di impiegato soddisfatto si allarga... e pensare che
l'ho amato come un re... ha messo su la pancia,
una pancetta discreta, rotonda e fessa da impiegato,
niente di indecente, di esposto, di vergognoso, una
pancetta così, come una voglia d'acqua, una voglia
di gravidanza mal saziata... e quelle rughe attorno
agli occhi, che gli fanno la faccia sorniona, opaca...
povero Paolo con le mani curate, gli angoli delle

labbra appena velati dalla saliva, i pori del naso dilatati, le mani dure che sanno di carta… gli ho dato le trecentomila lire. Che non si faccia più vedere. Mi ha ringraziata, mi ha riempita di gentilezze. Finte. Era così sicuro della sua superiorità, della sua intoccabilità. Glieli ho dati apposta. Perché si sentisse umiliato. Glieli ho messi nelle mani, in contanti, soddisfatta di vedere le sue pupille che si allargavano penosamente. Inghiottiva… sorrideva e inghiottiva. Non si aspettava una vittoria così placida, neanche una contrattazione. Non ho trattato, gli ho dato sui due piedi quello che chiedeva e buonanotte, sicura che non rivedrò mai più quei soldi.

Ciao, amore… qui però c'è un disordine che fa schifo. Lo so, mamma, ma Marina è malata, Erica non muove un dito e io non ho tempo, lo sai. Se ci fossi io qui… non mi piace quella ragazza, Erica, non mi piace, si crede chissà chi, e poi approfitta di te, è così chiaro, te la fa sotto il naso. Ma, mamma, è la mia migliore amica. Non significa niente, ti imbroglia, Dio ci guardi dalle migliori amiche! Ma, mamma, ti sbagli, Erica è un tipo deciso e freddo eppure sa anche essere una buona amica. Lo vedremo.

Mi ha messo a posto la cucina. Ha lavato i piatti che stavano lì da una settimana, unti e sporchi, incrostati. Ha preparato una bella salsa che durerà otto giorni. Ha cucinato una minestra di pasta e fagioli che mangeremo per chissà quanto… Ha messo una montagna di roba nella lavatrice, ha sciacquato, steso, stirato… Grazie, mamma!… Non mi dire grazie, mettiti in proprio, da sola, fai le cose bene, compra uno schedario, metti a posto i nomi dei clienti, metti accanto le cifre, tieni in ordine i conti… Mamma, ti prego, lasciami vivere a modo mio…

Si è offesa e se ne è andata senza salutarmi sbattendo il coperchio della pattumiera giù per le scale.

Mi sono sparite trentamila lire che avevo nella borsa. So che è stata Erica. Ma non riesco a dirglielo. Marina è sempre malata. Ieri sera abbiamo cenato insieme sul suo letto. Le ho portato una bottiglia di Tokai e del prosciutto di San Daniele, col burro danese e il pane nero, tutta roba che a lei piace molto. Abbiamo chiacchierato fino alle due. Erica non si è fatta vedere. Il telefono ha squillato un sacco di volte. Marina, facendo la voce di naso, rispondeva che non c'era nessuno. Abbiamo buttato dalla finestra per lo meno sei cliente buoni. Chi se ne fotte! Mangiamo ancora un po' di quel prosciutto dolce?

Le ho tenuto la mano. Ci siamo ingozzate di paste alla crema, guardando alla televisione una storia lacrimevole. Poi mi sono mezza addormentata. Lei si è masturbata. E quando ha finito si è addormentata anche lei con la bocca sulla mia spalla.

Erica mi ha svegliato con un pizzicotto sul seno. Che c'è? È arrivata la bolletta della luce. Quanto? Settanta. Accidenti! Tira fuori la tua parte. Tirala fuori tu. La tua parte, cocca! Rimetti quello che mi hai preso!

Mi ha guardato con un improvviso interesse. Quindi non ero del tutto scema! Si è messa a ridere, ha sollevato una caviglia col suo fiocchetto giallo… sai perché ti ho preso quei soldi? perché ti accorgessi di me… tu con quella Marina mi avete escluso dalla famiglia… mi avete fatta fuori. Non è vero; sei tu che te ne freghi di noi, ci porti via i clienti e ci tratti come due deficienti. E lei, come una furia, mi è saltata addosso. Mi ha morso una guancia a sangue e mentre io gridavo per il dolore ha preso a darmi dei grossi baci sulla bocca. E intanto gridava idiota, idiota, idiota!

È tornato Paolo. Voleva ancora soldi. Non sono passati neanche due mesi. Dico: allora vuoi fare il magnaccia, il mantenuto, il pappa… volevo offenderlo. Ma lui niente. Mi tira fuori la moglie, i figli, pare che l'hanno pure cacciato fuori dal lavoro, insomma gli ho dato cinquantamila lire… Lui, per ringraziamento, voleva fare l'amore con me…

Come per ripagarmi… Dico: guarda che se proprio devo farmi un uomo per piacere me lo scelgo giovane, bello, senza pancia, con i denti splendenti, senza moglie e senza figli, chiaro?! Se ne è andato con la coda fra le gambe. Ma tornerà, ormai so che tornerà ogni mese e mi spremerà come un limone.

Lulù è siciliano. Ha ventotto anni. Un corpo da atleta. Un cazzo nero e lungo e storto. Una faccia che sembra una statua greca. Gli occhi come una civetta, grandi e tondi e gialli. I denti come un cane giovane giovane. I capelli ricci e fitti. Ride gorgogliando come un tacchino. È fiero di sé, deciso, orgoglioso e suscettibile. Arriva, si appoggia con tutta la mano sul campanello facendolo suonare a fondo, a lungo. Entra, si toglie il giaccone di pelle, apre tutte le porte, va in cucina, intinge un dito nel latte, rosicchia un pezzo di pane secco. Poi si butta sul letto e dice spogliami!

Mentre lo spoglio si guarda allo specchio. Ti piace il mio collo? Non importa che risponda. Devo spogliarlo lentamente e senza coprirgli l'immagine nello specchio. Ti piace la spalla? ti piace il petto? Ha un petto grande e largo, senza peli, con due capezzoli bruni. Ti piace il mio ventre? ti piace il mio cazzo? ti piacciono le mie gambe? Ha due gambe lunghe e storte, con le ginocchia aguzze, i muscoli delle cosce forti e sporgenti, da calciatore. Ti piacciono i miei piedi?

Quando ho finito dice: ora carezzami e parlami... Non è brutto carezzarlo. La sua pelle è liscia come quella di un bambino... non ha peli, è caldo. Però non so mai che dire. E lui, se non parlo, si agita. Parla, amore, parla! Ma che devo dire? Qualsiasi cosa, parla di me. Quindi non è qualsiasi cosa. Vuole che parli di lui. Ma non ti conosco. Parla del mio corpo. È quello che vuole. Una adorazione paziente e muta del suo bellissimo corpo di atleta. Sei bello, hai un bel petto largo e ben sviluppato, hai delle belle spalle, hai un bel collo...

Il suo membro si gonfia, si gonfia... sembra scoppiare. Ma non vuole che lo masturbi. Devo solo sfiorarlo con la punta delle dita. Ma il mio culo... non hai detto niente del mio culo. Ah, sì, hai un culo bellissimo. Lui, vanitoso, si volta e mi mette sotto il naso un culo biondo, piccolo e fragile. È strano quel culo in una persona così grande, decisa, solida. Le due montagnole pallide e smunte sporgono sul lenzuolo come due guance un po' tristi e vizze e dicono cose molto diverse da quelle che dice il petto o il ventre o la faccia. Alle volte mi chiede di fargli scivolare una matita dentro. Perché una matita? Ma non risponde. Vuole una matita dalla punta tonda e che sia con la gomma in fondo.

A questo punto ha un orgasmo quieto e breve che lo scuote un momento come in preda alle convulsioni e poi lo placa e gli mette sonno. Rimane bocconi, a occhi chiusi, parlando piano piano fra di sé. Qualche volta sento che parla di sua madre... Poi si alza, tira fuori due biglietti da diecimila, li posa sul comodino. Si riveste con la faccia accigliata, senza dire una parola. E se ne va salutando appena.

Erica dice che è innamorata di me. Perciò mi ruba il portafogli, per amore, dice lei. Mi fa delle carognate di tutti i tipi. Sempre per amore. L'altro giorno ha detto a mia madre che io non faccio che augurarmi la sua morte. Poi ha cercato di portarmi via Lulù. Ma lui, come tutti i cocciuti, non si è lasciato incantare. Ha detto che gli vado bene io e basta.

Non è che voglia fare l'amore con me. Erica dice. Non ti voglio mica comprare, dice lei, lo faremo quando sarai cotta di me. E se io non mi cuocio? Un giorno o l'altro succederà. Intanto mi tratta come una nemica. Mi sbatte la porta in faccia; quando mi chiamano al telefono, dice che non ci sono, parla male di me con Marina, mi ruba i vestiti, i soldi. Salvo poi, d'improvviso, riempirmi la faccia di baci, regalarmi delle cose da mangiare, rifarmi il letto. Così, a capriccio, come le viene in testa. Il risultato è che sto sempre in campana. Non so mai cosa aspettarmi. Mi fa paura.

Gigi e Valerio vengono insieme. Si amano ma hanno bisogno di me per dirselo. Cioè non se lo dicono. Fanno l'amore con il mio corpo ma come se fossero soli. Io sto in mezzo, li metto in contatto... Così non si sentono in colpa. Qualche volta ho provato a sfilarmi, a lasciarli soli. Per un po' continuano poi si paralizzano, non sono più capaci di andare avanti.

È dolce quando mi stanno tutti e due accucciati accanto che sembrano due gatti, succhiandomi capezzoli, uno da una parte e uno dall'altra. Si stringono le mani sopra la mia pancia.

Marina li chiama «i gemelli veneziani». Valerio infatti è di Treviso e parla con quella dolcezza un po' strascicata dei veneti.

I gemelli veneziani qualche volta si portano dei panini col salame e dei dolci alla crema che mangiano insieme seduti sul letto. Sono generosi, pagano bene, lasciano sempre qualcosa in più.

Ieri è capitato uno, un Severino... appena entrato si è calato i pantaloni e si è messo a supplicare... Frustami, ma forte, non avere pietà... L'ho subito passato a Erica. Poi ho saputo che le ha dato centomila lire per tre ore di frusta e insulti. In bagno ho trovato un mucchio di asciugamani sporchi di sangue.

Dice: tu come hai cominciato? I capelli bagnati sulle spalle nude, ha due spalle magre magre che viene voglia di coprirle di marmellata... io, sai, il giorno dopo aver abortito, venti giorni dopo essere stata violentata... mi sono messa per la strada... ho preso un sacco di botte... era il posto di un'altra... ho messo l'annuncio sul giornale: massaggiatrice discreta e severa...

Erica, dico, non ti sembra noioso vivere per vendicarsi? Un pensiero così noioso come una mosca, fisso in testa, il sapore pungente in bocca, quel pizzicore al ventre, quella voglia di fare male... Io mi diverto e mi faccio pure pagare... Mi pagano perché li picchio, mi pagano per potermi odiare, mi pagano per soffrire e mi pagano per sentirsi migliori, amarmi meglio... e io li faccio contenti.

E tu... Non so se è per curiosità o per amore, o per... non so... io, dico, non so come... ho cominciato... ho visto scendere uno da una macchina, era bruttissimo, lo sapevo prima ancora di averlo visto... che avrei accettato... era biondo come mio padre... la testa di lontano mi faceva pensare a lui, a come era nella fotografia che mia madre teneva appesa al collo... Un piccolo uccello nero e gli occhi verdi.

Vedi, non è mai un caso... tuo padre che ballava sul petto di tua madre... non è mai un caso... ti

vendi a lui, o per lui, o contro di lui, non lo so, ma
certo non lo fai per te… Quando parla così Erica
allarga gli occhi e corruga la fronte. Mi ha messo un
piede in mano. La caviglia col fiocco giallo, sottilis-
sima… ti metti il profumo pure sui piedi?… ride,
non dice né sì né no, lo sa di avere le caviglie come
colli di cigno… e il fiocchetto giallo, sempre nuovo,
luccicante… oggi portava dei tacchi altissimi, un
paio di sandali dai lacci neri… tu cerchi di acchiappare tuo padre, io cerco di acchiappare il mio stu-
pratore… forse Urano che mangia i suoi figli, forse
un garzone di pizzicheria, sono la stessa persona…
Marina cerca di acchiappare sua madre che sangui-
na… che merdata, Manila, che merdata infame!

Cara mamma, ti ho odiata per la tua brutalità, per
il tuo buon senso, per le tue rabbie, per la tua sicu-
rezza insicura, per la tua solidità senza fondo… oggi
che comincio ad assomigliarti e dentro con la mia
testa umida di sogni, dentro il tuo ventre buio…
cara mamma, raccontami ancora una volta come è
morto papà, ma senza ricamarci sopra, senza tanti
frasi caramellose, come era veramente, prima che
diventasse una cosa ciondolante sul tuo petto sempre in movimento… cara mamma, se mi vuoi bene
aiutami a fare bene la puttana… cara mamma, io e
le mie amiche, io Erica e Marina, io e le altre che

occupiamo questa casa dividendo il bagno, la cucina, il cesso… cara mamma, non venire a pestare il nostro pavimento con le tue scarpe profumate…

Marina è incinta. Erica l'ha riempita di insulti: ha detto che lei con un bambino in questa casa non ci sta, che vada ad abortire! Io sono contenta; le ho detto: se lo tieni, ti aiuto a fargli da madre, così ne avrà due… Non contate su di me, Erica allunga le sue belle gambe e ci soffia il fumo della sigaretta in faccia, rabbiosa… Marina ha l'aria felice… ma non è decisa se tenerlo o no. Sai per lo meno chi è il padre… bè, no, Erica, non lo so… Sei pazza, sei scema, e se poi è di quell'idiota che pesa un quintale e non fa che fare peti? No, di lui non è. Come fai a saperlo? È da due mesi che non viene… Ma se l'ho visto io due settimane fa! No, non era lui… E se fosse di quell'altro stronzo nazista che ti ha picchiata a sangue? Il figlio comunque è mio, lo educherò io, lui che c'entra? C'entra, c'entra… non lo sai che c'è l'ereditarietà? siete in due a farlo, tu e lui, tu e lui. Lo nutrirò io, lo farò io, gli parlerò solo io, prenderà da me, sarà come voglio io… Illusa!

Abbiamo litigato fino a tardi la notte, interrompendo ogni tanto per un cliente. Io ne ho avuti due, ma uno lo ho mandato via. L'avrei strangolato. L'altro è salito, gli ho detto di spogliarsi e fare presto.

Dopo cinque minuti l'ho mandato via. Non era contento. Ma chi se ne frega! C'è di mezzo un bambino… che è anche mio…

Erica ha detto che lei se ne andrà. Ma forse non lo farà. Marina ha deciso di abortire. Poi ha cambiato idea, anche perché io ho insistito tanto che lo facesse, questo figlio. La chiameremo Lucilla, se sarà femmina e Lucio se sarà maschio. Erica ha sputato per terra e se ne è andata a dormire.

È venuto uno —di solito gli estranei non li riceviamo— ma questo era mandato da un cliente fidato… si chiama Tordo, non so se di nome o di cognome. Prima è stato gentile, ha bevuto, scopato normalmente, si è lavato, vestito. Poi quando stava per andarsene ha chiesto un altro bicchiere di gin. Gliel'ho dato… e con quello mi sono fregata… ho visto gli occhi che gli diventavano piccoli e rossi, ho visto la bocca che gli diventava dura, bianca, e poi ecco… chi lo teneva più… ha spaccato il bicchiere contro il muro, poi si è buttato sopra di me coi pugni chiusi… ho cominciato a urlare… è arrivata Erica che gli ha sbattuto una sedia sulle spalle. Ma lui non sentiva niente… non vedeva niente… si buttava a testa bassa, con una forza disperata, le mani coperte di tagli, contro di me, di lei, contro i mobili, il muro, senza distinzione, con la volontà cieca e brutale di distruggere… Marina ha chiamato la polizia… Ma quando sono arrivati lui era già scappato portandosi via tutti i nostri soldi… La casa era ridotta un macello… tutto rotto, spaccato… io ho dovuto farmi dare due punti alla tempia… Erica aveva un taglio sul braccio… insomma un disastro…

I poliziotti poi hanno stilato la denuncia sghignazzando, insultando, facendo proposte e mettendo le mani addosso… finchè Erica non si è messa a urlare con un tale odio furioso che li ha spaventati e così se ne sono andati sbattendo la porta.

Marina ha perso il figlio… tre giorni a letto con una emorragia terribile che non si riusciva a fermare. Non voleva andare in ospedale perché l'ultima volta ha rischiato di morire per un aborto malfatto… comunque, Marina, il raschiamento te lo devi fare! Erica le ha preparato la valigia. Ma lei scuoteva la testa cocciuta. Voglio morire qui, nel mio letto. Ma chi dice che devi morire, non è ancora l'ora. Tu, Erica, scherzi sempre, io voglio morire qui. Così abbiamo dovuto darle un sonnifero e poi portarla all'ospedale di peso. Le hanno fatto il raschiamento. L'hanno messa in una stanza con altre ottanta donne. Uno stanzone grande così non l'avevo mai visto. La roba che le danno da mangiare dice che è merda… così vado due volte al giorno a portarle la pasta, la carne, la frutta. Vado e torno con due sacchi di plastica carichi di roba. Per fortuna ha fatto amicizia con due donne, una anziana con le trecce bianche delle Marche e una ragazzina albina che soffre di cuore. Stanno sempre a giocare a carte insieme.

Lulù è venuto tutto vestito di blu. Ha detto che si sposa. Ma quando? Fra due ore. E vieni qui a fare che? Spogliami, Manila... e Manila lì con le mani di fata a spogliare il grande guerriero, l'atleta di ferro, il dio di tutte le glorie, il bel petto, il bel cazzo, il bel muso tondo di luna piena, il culo rugoso merdoso che deve sposarsi in chiesa con la donna del cuore...

Ha goduto prima del solito, appena infilata la matita nel culo, e poi si è acceso una sigaretta e mi ha raccontato della sposa... più che altro mi sposo per uscire di casa, sai... è una bella ragazza bionda, con gli occhi blu.. una che non dice mai una parola... non so neanche se mi ama, però ha delle belle mani e dei seni favolosi... come chiava non mi piace, è un baccalà... non si muove, non collabora, sta là stesa come un broccolo e non dice una parola, non muove un dito... bella è bella e poi sta tranquilla, non rompe le scatole... forse è un po' deficiente, non lo so, una volta mi ha detto che è stata violentata dal padre... è frigida, credo... la notte mi abbraccia stretto stretto e io la sposo per quell'abbraccio... mi piace molto dormire abbracciato... fino a tredici anni ho dormito abbracciato con mia nonna nel letto grande... poi ho dormito abbracciato con mio cugino, qualche volta con la mamma, qualche volta col gatto... da solo non ci so dormire, mi viene la tristezza... comunque continuerò a venire, Manila, tu sai quello che mi piace, come mi piace... e ora dammi un bacio di augurio per il matrimonio...

Mi ha pagato il doppio del solito, si è vestito e se n'è andato. Sono uscita a comprare un gelato per Marina che ancora non si è rimessa. Ogni volta che parla si mette a piangere. Ha perduto un sacco di clienti... loro non vogliono vedere persone lagnose... lei se ne sta a letto quasi tutto il giorno, legge qualche giornale, fuma, ascolta la radio, piange, mangia gelato... ha una gran fame di gelati e appena posso glieli vado a prendere.

Sono due settimane di ritardo. Cara mamma, ho paura di essere restata incinta. Non so se dirlo a Marina, ho paura di rattristarla. Erica l'ha indovinato. Oppure ha visto che preparavo la bottiglietta dell'orina per l'esame, non lo so... è entrata in camera mia, ha sfasciato tutto, mi ha fatto una gran scenata e ha detto che dal prossimo mese, se non abortisco, cambia casa. Io ho deciso di tenerlo. Voglio fare questo bambino. Che poi sono sicura sarà una bambina. Ho fatto la prova dell'anello appeso a un capello e fatto ciondolare sulla pancia... se oscilla per lungo è un maschio, se oscilla in tondo è una femmina. Ha girato in tondo... sono contenta... Cara mamma, se sarà una bambina la chiamerò come te, Giuseppina, anche se è un nome che odio, che trovo stupido, rozzo, qualunque... Mia figlia Giuseppa, mia figlia Pina, mia figlia Peppa, che non saprà mai chi è il padre... sarà il bellissimo e biondo Lulù dal culo rugoso, o sarà Tordo dagli occhi sanguinosi e cattivi? o sarà di Severino tremante per il desiderio di essere picchiato, o sarà di Gino, quello dei nei e avrà anche lei l'Orsa Maggiore, l'Orsa Minore, Cassiopea, Venere, la Croce del Sud sparsi per il corpo?...

Mia figlia sarà solo mia... io e lei, lei e io... con quel piccolo nome contadino in mezzo che ci ricorderà delle nostre ave campagnole, di mia madre la carnefice, di mia nonna l'avara, di mia bisnonna che aveva un cuore d'argento e morì avvelenata, di tutte le donne che hanno campato e sono morte piene d'amore e di spavento...

Mia figlia sono io, ma sarà anche mia madre, poiché si chiama come lei, Giuseppa dal cuore di leonessa, come la nonna della mia nonna, Giuseppa dai denti di lupo, che non avrà paura di niente e capirà tutto, la mia mamma Giuseppa che mi ha insegnato a muovermi nel mondo come una pantera, decisa e silenziosa, con la pelle colore della notte, le zampe tranquille e soffici, gli occhi penetranti, il cuore fermo, e un'allegria esplosiva dentro i muscoli tesi... la madre della figlia della madre della figlia dentro un ventre dolce e furente, dentro un mondo non nostro, faremo un cordone di corpi che ci unirà alle morte ave e mangeremo mangeremo le nostre lagrime per sputare risate in faccia ai mandrilli, ai leoni, ai babbuini... Giuseppa, Giuseppa sono io... datemi pure un calcio, rotolerò... datemi pure un pugno, salterò, datemi pure una coltellata, rinascerò, perché io sono Giuseppa Manila, la mia nascita e la mia morte, vi rosicchierò il cuore, vi farò cantare di paura... Giuseppa, Giuseppa, Giuseppa... *(Balla da sola)*.

Una casa de mujeres

MONÓLOGO
(1977)

PERSONAJES

Manila, una prostituta

MANILA   Es un tipo alto, moreno, sofisticado, con las uñas bien cuidadas, con los lunares en su sitio... un montón de lunares, él los llama mis constelaciones... Aquí está Urano, aquí la Osa Mayor, la Osa Menor, cuenta sus lunares, pone mi dedo encima, dice: ¡has visto qué bonitos son!... Es un tipo educado, cuando se tira un pedo, dice: ¡perdón! Cuando se lava los dientes con el dedo, dice: no me mire, perdón... Tiene los ojos almendrados, de un hermoso color indefinido... Viene aquí cada domingo, cada domingo desde que vivo en esta casa.

Erica lo odia. Cuando lo ve, se escabulle. En realidad, Erica detesta a todos los hombres; ella misma lo dice: no sé si el oficio ha hecho que odie a los hombres o es el odio a los hombres lo que me ha empujado al oficio. Lo cierto es que cuando está trabajando se esfuerza en hacerlos sufrir... Los fustiga, los punza, los desnuda, los obliga a ponerse a cuatro patas, les hace ladrar, les quema los huevos con una vela, luego los pela bien pero que muy bien… Ella nunca se desnuda; no se entrega nunca, se limita a darles porrazos vestida como un querubín entero de hierro y cuero azul… Y es la que más clientes tiene aquí dentro…

El otro día tuvimos una comida, estaban mi madre, mi tía Oriana, la madre de Erica y la novia de su hermano… Marina preparó un conejo al horno que era una delicia… Siempre me da un poco de asco: a mí los animales me gustan vivos…, cuando los veo ahí cocinados, con esos bracitos de bebé, esas patitas encogidas, ya sea el pollo, el pavo o la liebre…, entonces… bueno, siento que se me quita el hambre… Tengo la mala costumbre de empatizar con las personas, con las cosas…, inmediatamente pienso en la liebre que corre entre las briznas altas de hierba, aunque no son lo bastante altas para ocultarla, que salta en la pradera con el corazón desbocado mientras siente cómo las briznas húmedas le rozan las orejas, siente el olor de la tierra mojada que le resulta familiar, siente cómo las patas se aferran al suelo, pero se resbala, no son lo bastante rápidas, su corazón late cada vez más deprisa y la hierba húmeda parece ahora retenerla, hunde las patas en el lodo… Entonces, ¡un disparo! Como un chasquido del látigo y la liebre piensa: me han dado, me han dado, me estoy muriendo, pero aun así corre y por un momento le dan ganas de llorar de felicidad al volver a sentir las briznas de la hierba mojada bajo su vientre…, pero en su lugar, de repente siente que desfallece, los ojos se le cierran solos, cae sobre un costado, ve cómo se esparce la sangre por la tierra, piensa: quiero vivir, y está muerta… Cómo se puede masticar eso que corre por tu imaginación… La que corre eres tú, dice Erica, a la que no le conmueve nada y dice que soy una tonta sentimental que se deja engañar por el primero que pasa… Tiene razón, lo sé… Eres tú la que corre y a la que han disparado, eres tú la liebre que ha sido cazada…, por ti, obviamente, que eres el cazador y la presa al mismo tiempo… No se puede hacer nada, eres estúpida, una estúpida, una estúpida… Habla como mi madre, igual que ella…

Mira, Manila, si no dejas de pensar como una niña de dos años, no conseguirás nada… En fin, quítate esos zapatos, son míos…

Pero mamá, ¡me los regalaste el otro día!

Ahora los quiero.

Pero ¡me los has regalado!

Ayer. Hoy no.

Vete a tomar por culo, no te los doy.

Quítatelos ya…

¿Y qué me pongo entonces?

Lo que más rabia te dé.

Con eso no puedo caminar por la calle.

Apáñatelas como sea, los quiero de vuelta.

Te los regalé, si no recuerdo mal…

¿Me lo estás echando en cara?

No te estoy echando en cara nada… Solo digo que yo te compré esos zapatos…

¿Y qué pasa? Son míos, me los regalaste y son míos y yo me los quedo, ¿vale? No voy a dártelos.

Actúas como una niña, igual que cuando tenías cinco años, cinco años…

Y tú, como entonces, me maltratas…, igual que entonces…

Cállate, imbécil, que me has arruinado la vida…

¿Yo…?

Tú, tú…

Y así, mi madre y yo seguimos durante horas. Ella dice que le he arruinado la vida. Yo le digo que es ella la que me la ha arruinado a mí. Finge no recordar cómo era ella cuando yo tenía cinco años y parecía un crío calvo e infeliz… Corría detrás de ella, le robaba el perfume para sentirla cerca de mí, la esperaba de madrugada hasta las tres. Cada vez que ella entraba en casa con un hombre distinto, yo iba al baño a lavarme…, me lavaba durante horas, con el jabón de la cocina, me restregaba, me frotaba, me desgarraba la piel… Mientras me lavaba cantaba para no oír ningún ruido de la cama, ningún ruido de risas, ningún ruido de pasos… Una vez oí un grito tan fuerte que pensaba que había matado a su amante… Entré corriendo en el dormitorio y la encontré allí, desnuda y angustiada… Él parecía que estaba muerto, tenía los ojos en blanco, los labios tensos y ella más rara, con el pelo pegado en la cara, asustada, más rara…

Como estaba diciendo, nos dimos un gran festín, un almuerzo fantástico, Erica, Marina, mi madre, la tía Oriana y yo.

Marina ha cocinado conejo al horno con patatas. Todo el mundo decía que estaba delicioso. Yo a duras penas lo probé y luego lo dejé a un lado. Las patatas sí, estaban buenísimas. Mi madre estaba muy guapa, con ese vestido naranja que le regalé en Navidad, el collar de coral, que también le había regalado yo por su cincuenta cumpleaños… A veces la miro y pienso: seré exactamente igual que ella cuando tenga cincuenta años, y me dan ganas de matarla… No soporto ese aire de perro callejero que tiene…, esa picardía que se le acumula en las esquinas de los ojos, esos destellos de picardía malvada, esa avaricia que brota de sus manos arrugadas, pequeñas con las uñas mordidas, no soporto esa boca suya que retiene la comida, que mastica como un dromedario, atenta a todos los sabores, a todos los olores; no soporto su bondad… No es que realmente sea buena, pero se deja llevar, se pone cómoda en el sillón y si los demás la amenazan se encorva, se encoge, como diciendo: adelante… No me gusta cómo bebe vino, agarrándose a la copa como si fuera la última de su vida…, no me gusta cómo mira los platos llenos de los demás, cómo sorbe la nariz, cómo se toca la barriga inflada, cómo se sienta con las piernas separadas… Tengo la certeza de que me estoy volviendo como ella… El otro día al coger una copa de vino noté que mis dedos palidecían por la presión que ejercía sobre ellos… De rabia estrellé la copa contra la pared.

Una tarde de verano, en mi habitación. La ventana está abierta. Entra un extraño olor a hojas podridas y a asfalto quemado por el sol… Yo estoy haciendo el dobladillo de una falda…, ella está haciendo cuentas sobre la cama… Erica es más joven que yo, tiene la cara perfecta, parece una estatua. Se lo digo. Me mira como si hubiera dicho una burrada. De hecho, puede que la haya dicho. Está contando dinero. Sus dedos son hermosos, largos, anchos, con las yemas lisas como un atleta, tiene los pulgares fuertes, dan la sensación de fortaleza y calidez como

de alguien que sabe sujetar las cosas y sostenerlas...
Digo: mira, Erica, ¿por qué no nos largamos de
aquí? ¿A dónde? No sé, al extranjero, tenemos dinero, no aguanto más esta basura de ciudad... Ella
responde mmm..., podemos coger el coche de Marina e irnos a Holanda, ¿qué me dices? ¿Por qué Holanda? Porque es bonito. ¿Cómo lo sabes? Bueno, vi
algunas fotografías en la agencia de viajes. Y juzgas
un país por las fotografías, ¿no te das cuenta de que
todos los países son bonitos según las agencias? Da
igual, nos largamos de aquí, lo pasamos bien, vemos
caras nuevas, calles nuevas, estamos juntas... ¡Qué
diversión!, dice ella, y se ríe... Cuando se ríe es menos guapa porque tiene los dientes manchados de
nicotina y además delante tiene cuatro que son pos-
tizos porque tuvo un accidente cuando tenía quince
años e iba con un vespino por su pueblo... Marina
tiene que devolverme seiscientas mil liras. Ya me las
devolverá. Esa siempre está enferma. Me parece que
debería cambiar de profesión.

Entonces mi madre me dice: ¡quítate de en medio,
que eres un coñazo!, y yo, con esas dos trenzas que
me tiraban del pelo, con esa cara de ratón atrapado
en una jaula, esos ojos que apuntan a todas partes, le
digo: ¡mamá, está la tía Oriana al teléfono! ¡Es para
ti! ¡Dile que estoy follando y que no me moleste!

Ahí estaba la tía Oriana esperando y tardé un siglo en andar esos diez metros que me separaban del teléfono… Mientras tanto pensaba: dentro de su vientre hay un ataúd y dentro del ataúd estoy yo comiendo un bombón de chocolate con leche…, pensaba y pensaba y mi tía Oriana estaba al otro lado del teléfono…, pensaba en una canaleta de donde el agua sale borboteando, borboteando…, luego caigo en un pozo profundo lleno de agua oscura. Por fin cojo el teléfono con el corazón desbocado y digo: tía Oriana, mi madre no se puede poner, está en el baño, se está lavando el pelo… Me habían enseñado a ser decorosa, no se dice follar, no se dice echar un polvo, no se dice coño…

Año 1976. Tengo veintiséis años. Me acabo de sacar el título universitario de Filosofía con una tesis sobre Platón. Es una tarde de agosto. Mi madre está en cama con dolor de cabeza. Tiene todo cerrado, un trapo mojado sobre los ojos, no soporta ni un rayo de luz, no soporta ni un ruido, nada… Debería hacerle la cena… pero no me apetece…, debería llamar a Paolo pero no me apetece…, debería prepararme las oposiciones para un puesto en el Ministerio pero no me apetece…, así que sin pensarlo me visto y salgo, sin ni siquiera avisar a mi madre… Tenía vacío el estómago, no había comido desde la noche anterior…, pero ni siquiera me apetecía comer…, esa debilidad me daba sensación de ligereza, de euforia… Digo: ahora llego al final de la calle y vuelvo…, camino y camino, llego al final de la calle, cruzo el puente, cojo otra calle, atravieso la plaza…, entonces, me encuentro en un lugar lleno de árboles, pongo los pies sobre el césped mugriento cubierto de basura. No pienso en nada, apenas veo por dónde voy.

El hambre inquieta me arrastra…, me empuja ciegamente hacia delante. De repente, un impacto violento…, lucho por mantenerme en pie…, el cuerpo de una mujer me aprisiona…, siento el calor de su pecho contra el mío, siento su aliento en mi cuello…, estoy paralizada por el asombro…, la mujer se aferra a mí sin decir una palabra. Delante, por encima de su hombro, veo a un hombre que patea con rabia el lateral de un deportivo, después se monta y se va. Ahora la mujer hace presión sobre mí como si se hubiera desmayado. Levanto los brazos para sostenerla y me doy cuenta de que mi manga está cubierta de sangre… Me gustaría tumbarla en el suelo, me gustaría ver dónde tiene la herida, me gustaría verle la cara, pero ella se aferra a mí con una fuerza desesperada que no me deja moverme. Sigo con su cara hundida entre mi cuello y mi hombro, siento su corazón a través de mi camisa como un golpe furioso e insistente… Todo lo que ocurrió después apenas lo recuerdo: ella se separó de repente y sin mediar palabra salió corriendo, sujetándose el costado herido con una mano… Casi no le vi la cara…, solo por un momento vislumbré dos ojos grandes y oscuros rodeados de profundas arrugas y las raíces negras de su largo pelo rubio.

Quiero morir, | quiero ver la orilla del Aqueronte | floreciente de loto, fresca de rocío… Quiero morir, | quiero ver la orilla del Tíber | floreciente de petróleo, empapada de alegría ciudadana…. ¿Cómo era Safo? ¿Rubia, morena, pequeña, alta? La imagino muy pequeña, con manos grandes, con pies diminutos, dos ojos pequeños y amarillos, boca generosa, pelo largo, tan largo y pesado que hace de manta…, y camina como un pato y tiene la inteligencia de un águila, la delicadeza de un ciclamen, la terquedad de un burro, la belleza profunda y desesperada de una hija que no quiere ser madre…

Había eliminado el sexo de mi vida…, lo había conseguido de manera asombrosa…, ni siquiera me masturbaba; en vez de vientre tenía una piedra centelleante; en vez de corazón, una almeja cerrada con pestillo… Dormía mucho, sin soñar nunca, me bañaba mucho, con cuidado meticuloso, comía poco y sin ganas, me dedicaba a los estudios…, me había vuelto una monja cartuja. Los libros, aparte de leerlos, los copiaba en mi memoria, los engullía, sin entenderlos realmente, sin amor y sin placer, por pura obligación… Hacía tesis a cambio de dinero copiando minuciosamente y al pie de la letra las clases de los profesores más incomprensibles. Era una perfecta universitaria…, llena de dedicación abstracta y pasiva. Solo a veces me estremecía una frase: *tethnànai d'adòlos thélo…,* realmente desearía estar muerta, era el grito de Safo que me venía a la mente cuando hacía de vientre en el retrete…, no sé por qué justo en aquel momento… *Tethnànai d'adòlos thélo… kélomai se | Gongulas…* Te ruego, Gongula, ponte la blanquísima túnica… y te ruego, Gongula, te ruego, Gongula.

Paolo, eso es, de Paolo no he hablado: fue mi primer gran amor, mi primer cuerpo de hombre, nacido y criado por mí, alimentado por mí… Mi amor, te amo, te amo tanto, quiero que me seas fiel hasta la muerte, quiero que seas mía, siempre mía, quiero tomarte toda, tenerte toda, tenerte cerca de mí, comerte, mimarte, disfrutarte, encerrarte, poseerte… Manila, amor mío, vente a vivir conmigo… Era tan cariñoso, estaba tan enamorado que no podía decirle que no, no podía decirle que no… Nos amamos como dos tiburones, comiéndonos el uno al otro.

Paolo, el dulcísimo Paolo, que me vació las entrañas para poner en su lugar algo forjado por él..., un corazón con la huella de su cara, un hígado con la huella de sus dientes, un intestino con la huella de sus amarguras, planas y alargadas como olas aplastadas por el viento.

Pues Paolo decía que yo no sabía hacer el amor, que era fría, estúpida, torpe, chapucera, desastrosa... Por supuesto él era dedicado, práctico, generoso, hábil, magnífico, grandioso, lleno de ingenio y de fantasía... Moraleja: no era digna de él..., es decir, si quería ser digna, debía dejarme forjar, modelar, debía convertirme en una copia suya, un apéndice suyo, una hija amorosa y amada salida de su cerebro divino.

Él odiaba a mi madre. La llamaba «esa de ahí» y me prohibía verla. Mi madre contraatacaba peor. Me decía: líbrate de esa ladilla, te está chupando la vida..., esa mierda, niña, te ahogará...

Y yo que me dividía tristemente entre los dos... Mamá, te lo suplico, no lo conoces, es mejor de lo que piensas..., en el fondo es generoso, es bueno... Una marmota, eso es lo que es, Manila, una marmota peluda y sin ojos, ¡déjalo, déjalo!

¡Es una zorra!, decía él, una vieja puta. Las discusiones con Paolo sobre mi madre acababan así... Te lo suplico, Paolo, tú no la conoces, no sabes nada de ella, intenta entenderlo...

Entonces, ¿este viaje cuándo lo hacemos?... Erica me mira, está sentada en la cama, tiene las piernas desnudas, los pies descalzos, una camisa de hombre que le llega al culo, ancha y arrugada, rodeándole los tobillos tiene dos lazos amarillos... Deja el periódico que está leyendo, me mira con esa sonrisa divertida que me hace quererla a pesar de sus travesuras... Bueno, Manila, entonces, ¿el viaje? Me alegra que me lo diga, aunque nunca nos iremos de viaje. Marina está enferma, el coche está roto y ninguna de las dos quiere hacer el esfuerzo de preparar el equipaje...

Hoy es domingo. Ha venido el de los lunares. Urano, has visto, y esta es Casiopea, Ca-sio-pe-a, dice contando uno a uno los espléndidos lunares que salpican la piel blanca. Cada vez me promete más para sodomizarme. Pero yo no..., puedes darme incluso un millón, no lo voy a hacer... Pero ¿por qué, mi cielo? Porque no y ya está. Pero tú no eres una prostituta cualquiera..., esas son costumbres, tabús de las prostitutas tradicionales, y tú eres todo lo contrario a una prostituta tradicional, además, te diré que para mí no eres ni siquiera una prostituta... ¿Y qué soy? Bueno, no, una hetaira, una *koré,* una extraña serpiente de tiempos pasados. ¿Y alguna vez has probado a metérsela por el culo a una serpiente?... Se ríe, se cuenta los lunares y se ríe en silencio.

Tiene los dientes torcidos y una bonita lengua roja. Viene aquí desde hace muchos domingos, ni siquiera sé cuántos…, y es un cliente fiel, un cliente afianzado, un cliente de confianza…

Voy a ver a Marina. Está en la cama, con el pañuelo en la cabeza, un manojo de revistas en las piernas. ¿Quieres que llame al médico? No, no, no importa…, sé cómo curarme… Pero ¿se puede saber qué enfermedad tienes? Y yo qué sé, me dan calambres aquí, a la altura del pecho, me falta el aire, me siento como si me volviese de cristal… No consigo comer, ni beber…, tengo que estarme quieta y no pensar en nada…

Erica dice que es la enfermedad de la tontería, la tontería de ser la que eres, quieres escupir del pecho la mujer que eres, tienes miedo, y te petrificas el pecho para castigarte.

Al verla girar con esos lazos en los tobillos, ese pelo casi rosa a fuerza de teñirlo, esas camisas grandes de hombre, esos ojos irónicos y traviesos, dan ganas de darle la razón. Ella nunca ha amado a los hombres, ni siquiera por un momento, nunca ha tenido tentaciones, nunca nunca…, es una virgen de hierro, una virgen enfadada y sonriente, una gran diosa que incendia su vida por voluptuosidad, por aburrimiento…

Marina llora. Me pide que la abrace. Tiene la espalda caliente, el aliento ácido, los pechos blandos… La abrazo como me abrazaría a mí misma, sin amor, con dulzura y comprensión. Aspiro el olor a cigarrillo, agua de rosas y sudor que sale de su cuerpo enfermo. Sus brazos se aferran a mi cuello. De repente me sobresalta un recuerdo… Hace años, en el parque, una mujer ensangrentada…, hace años…, en los jardines…, eso es, es como si repitiese aquel abrazo…, yo y ella…, yo y yo…, sin saber por qué, dónde, cuándo…, encontrar el propio misterio dentro del cuerpo de una mujer enferma… Más tarde me levanto, preparo una tarta de manzana y nos la comemos juntas… Marina me dice al oído… soy una mierda, no sé hacer nada, no consigo hacer nada, soy una mierda, una mierda, una mierda… Marina, tonta, qué cosas dices, si eres guapísima y buenísima. ¿Haciendo qué?, ¿haciendo qué? Todo, Marina, sabes hacerlo todo, sabes cocinar de maravilla, sabes contar sueños estupendamente, sabes bailar, sabes cantar, sabes ser buena amiga… Te equivocas, Manila, no sé hacer nada, solo sé hacerlo mal, soy una mierda y me quiero morir…

Mientras tanto Erica, como la pérfida que es, se ha llevado a dos clientes, uno mío y otro de Marina… A ella no le importa, ella es fría, dura, luego si le pides aunque sea una parte del dinero te escupe en la cara… ¡Yo no soy una llorica como vosotras!, no me hago la víctima, mientras vosotras lloráis yo me meto los billetes de diez mil en el coño, ¡claro!

Ha venido Paolo. Me ha hablado de la mujer, de los hijos. Tiene una que se llama Manila, como yo. Dice que no puede olvidarme. En resumen, un desfile de cumplidos para al final pedirme dinero. ¿Cuánto quieres? Bueno, trescientas mil. Es demasiado. Pero eso qué es para ti, Manila, con todo lo que ganas… ¡Yo trabajo! Lo sé, Manila mía, sé que trabajas, sabes que respeto el trabajo de todos, incluso el del ladrón…, yo no juzgo, no voy de moralista, solo te pido que me eches una mano, que estoy en un lío. ¿Y tú no ganas? Sí, gano pero con dos niños y una mujer que se queda en casa, ya me entiendes…

Es oficinista mi amado Paolo, mi glorioso y genial amado y ahora viene a besarme los pies para tener dinero. ¿No decías que con este trabajo me arruino? No, bueno, dije que te arruinas la salud, nada más… Es como un trabajador en una fábrica, a base de trabajar con pegamentos tóxicos, sabes, los pulmones… Yo trabajo con el coño y sin pegamentos, a ti antes te daba asco mi trabajo. Nunca he dicho eso, Manila, no puedes decir eso…, yo solo dije que te podías arruinar la salud, ya está. ¿Te acuerdas de cómo rompimos? Su dichosa cara de oficinista satisfecho se alarga…, y pensar que lo he querido como a un rey… Le ha salido barriga, una barriguilla discreta, redonda y tonta de oficinista, nada indecente, ni evidente, ni vergonzosa, una barriguilla así, como un antojo en forma de agua, un antojo de embarazo insatisfecho…, y aquellas arrugas alrededor de los ojos, que le hacen una cara socarrona, opaca… Pobre Paolo con las manos cuidadas, con las comisuras de los labios casi ocultas de saliva, los poros de la nariz dilatados, las manos duras que parecen papel de lija… Le di las trescientas mil liras. Que no vuelva a aparecer por aquí. Me dio las gracias, deshaciéndose en elogios. Falsas. Estaba tan seguro de su superioridad, de ser intocable. Se las di aposta. Para que se sintiese humillado. Se las puse en las manos, en efectivo, satisfecha al ver cómo las pupilas se le dilataban tristemente. Tragaba…, sonreía y tragaba. No se esperaba una victoria tan plácida, ni siquiera un regateo. No lo intenté, le di lo que pedía en el acto y buenas noches, segura de que no volvería a ver ese dinero.

Hola, amor…, pero aquí hay un desorden que da asco. Lo sé, mamá, pero Marina está enferma, Erica no mueve un dedo y yo no tengo tiempo, ya lo sabes. Si estuviese yo aquí… No me gusta esa niña, Erica, no me gusta, no sé quién se cree que es, y se aprovecha de ti, así de claro, te la está jugando delante de tus narices. Pero mamá, es mi mejor amiga. No significa nada, te engaña, ¡Dios nos libre de las mejores amigas! Pero, mamá, te equivocas, Erica es una mujer decidida y fría pero también sabe ser una buena amiga. Ya veremos.

Me ha ordenado la cocina. Ha lavado los platos que llevaban ahí una semana, pringosos y con la suciedad incrustada. Ha preparado una salsa muy rica que durará ocho días. Ha cocinado un potaje de pasta y judías que estaremos comiendo hasta sabe dios cuándo… Ha puesto una montaña de ropa en la lavadora, ha lavado, ha tendido, ha planchado… ¡Gracias, mamá!… No me des las gracias, empieza a ser independiente, tú sola, haz las cosas bien, cómprate un archivador, pon en orden el nombre de los clientes, pon al lado las cifras, ten en orden las cuentas… Mamá, por favor, déjame vivir a mi manera…

Se ofendió y se fue sin despedirse tirando la tapadera del cubo de la basura por las escaleras.

Me han desaparecido las treinta mil liras que tenía en el bolso. Sé que ha sido Erica. Pero no me atrevo a decírselo. Marina siempre está enferma. Ayer por la noche cenamos juntas en su cama. Le llevé una botella de Tokaji y jamón San Daniele, con mantequilla danesa y pan de centeno, todo lo que le gusta de verdad. Charlamos hasta las dos. Erica no apareció. El teléfono sonó un montón de veces. Marina, con voz nasal, respondía que no había nadie. Echamos por la borda a seis buenos clientes, por lo menos. ¡A quién le importa! ¿Comemos un poco más de ese jamón dulce?

Le di la mano. Engullimos pasteles de crema, mientras veíamos en la televisión una historia cursi. Después me quedé medio dormida. Ella se masturbó. Cuando terminó también se durmió con la boca en mi espalda.

Erica me despertó con un pellizco en el pecho. ¿Qué pasa? Ha llegado la factura de la luz ¿Cuánto? Setenta. ¡Joder! Ve soltando tu parte. Suéltala tú. ¡Tu parte, niña! ¡Devuélveme lo que me has quitado!

Me miró con un interés repentino. ¡Así que yo no era tonta del todo! Se echó a reír, levantó un tobillo con su lazo amarillo… ¿Sabes por qué te quité ese dinero? Para que me prestases atención…, tú con la Marina esa me habéis excluido de la familia… No es cierto; eres tú la que pasa de nosotras, nos quitas a los clientes y nos tratas como si fuésemos estúpidas.

Y ella, hecha una furia, se me tiró encima. Me mordió una mejilla hasta hacerme sangre y mientras yo gritaba de dolor se puso a darme besos en la boca. Y mientras gritaba ¡imbécil, imbécil, imbécil!

Ha vuelto Paolo. Quería dinero otra vez. No habían pasado ni dos meses. Le digo: ahora quieres jugar al chulo, al mantenido, al papá… Quería ofenderlo. Pero no dice nada. Saca lo de la mujer, los hijos, parece que además lo han echado del trabajo, en resumen, le di cincuenta mil liras…

Él, para agradecérmelo, quería hacer el amor conmigo… Como para devolverme el favor… Le digo: mira que si tengo que tirarme a un tío por gusto me lo busco joven, guapo, sin barriga, con los dientes relucientes, sin mujer y sin hijos, ¿vale? Se fue con el rabo entre las piernas. Pero volverá, ahora sé que volverá cada mes y me exprimirá como a un limón.

Lulù es siciliano. Tiene veintiocho años. Un cuerpo de atleta. Una polla negra y larga y torcida. Una cara que parece una estatua griega. Los ojos como un búho, grandes y redondos y amarillos. Los dientes como de perro joven. El pelo rizado y frondoso. Se ríe graznando como un pavo. Está orgulloso de sí mismo, decidido, presumido y susceptible. Llega, se apoya con toda la mano en el timbre haciéndolo sonar a fondo, un buen rato. Entra, se quita el abrigo de piel, abre todas las puertas, entra a la cocina, moja un dedo en leche, mordisquea un trozo de pan seco. Después se tira en la cama y dice ¡desnúdame!
   Mientras lo desnudo se mira en el espejo. ¿Te gusta mi cuello? No importa lo que responda. Tengo que desnudarlo lentamente y sin tapar su imagen en el espejo. ¿Te gusta la espalda?, ¿te gusta el pecho? Tiene un pecho grande y ancho, sin pelos, con dos pezones morenos. ¿Te gusta mi abdomen?, ¿te gusta mi polla?, ¿te gustan mis piernas? Tiene dos piernas

largas y arqueadas, con las rodillas acentuadas, los músculos de los muslos fuertes y prominentes, de futbolista. ¿Te gustan mis pies?

Cuando termino dice: ahora acaríciame y háblame… No es desagradable acariciarlo. Su piel es lisa como la de un niño…, no tiene pelos, está caliente. Pero nunca sé qué decir. Y él, si no hablo, se pone nervioso. Habla, cariño, ¡habla! Pero ¿qué tengo que decir? Lo que sea, habla de mí. Entonces no es lo que sea. Quiere que hable de él. Pero no te conozco. Habla de mi cuerpo. Eso es lo que quiere. Una adoración paciente y muda de su precioso cuerpo de atleta. Eres guapo, tienes un precioso pecho ancho y bien desarrollado, tienes una espalda bonita, tienes un cuello bonito…

Su miembro se agranda, se agranda…, parece explotar. Pero no quiere que lo masturbe. Solo debo rozarlo con la punta de los dedos. Pero mi culo…, no has dicho nada de mi culo. Ah, sí, tienes un culo precioso. Él, vanidoso, se gira y me pone en las narices un culo rubio, pequeño y frágil. Es raro ese culo en una persona tan grande, resuelta, fuerte. Los dos montículos esqueléticos y pálidos sobresalen en las sábanas como dos mejillas un poco tristes y colganderas y dicen cosas muy diferentes a aquellas que dice el pecho o el abdomen o la cara. Otras veces me pide que le meta un lápiz dentro. ¿Por qué un lápiz?

Pero no responde. Quiere un lápiz con la punta redonda y que tenga goma al final.

En ese momento tiene un orgasmo calmado y breve que lo estremece por un instante, preso de las convulsiones, y después lo calma y le da sueño. Se queda bocabajo, con los ojos cerrados, hablando en voz muy baja consigo mismo. A veces oigo que habla de su madre... Después se levanta, saca dos billetes de diez mil, los deja en la mesita de noche. Se vuelve a vestir con el ceño fruncido, sin decir una palabra. Y se va casi sin despedirse.

Erica dice que está enamorada de mí. Por eso me roba el monedero, por amor, dice ella. Me hace canalladas de todo tipo. Siempre por amor. El otro día le dijo a mi madre que yo no dejo de desear su muerte. Después intentó quitarme a Lulù. Pero él, como buen testarudo, no se dejó encantar. Dijo que le gusto yo y ya está.

No es que quiera hacer el amor conmigo, dice Erica. Yo no quiero comprarte ni mucho menos, dice ella. Lo haremos cuando estés loca por mí. ¿Y si yo no me vuelvo loca por ti? Un día de estos pasará. Mientras tanto me trata como una enemiga. Me cierra la puerta en la cara; cuando me llaman por teléfono, dice que no estoy, habla mal de mí con Marina, me roba la ropa, el dinero. Para luego, de repente, llenarme la cara de besos, regalarme cosas para comer, hacerme la cama. Así, por capricho, conforme se le pasa por la cabeza. El resultado es que estoy siempre alerta. No sé nunca qué esperarme. Me da miedo.

Gigi y Valerio vienen juntos. Se aman, pero me necesitan para decírselo. O sea, no se lo dicen. Hacen el amor con mi cuerpo como si estuvieran solos. Yo estoy en medio, los conecto... Así no se sienten culpables. Alguna vez he intentado apartarme, dejarlos solos. Por un momento siguen, después se paralizan, no son capaces de avanzar.

Me parece tierno cuando los dos se acurrucan a mis costados y parecen dos gatos, chupándome los pezones, uno a cada lado. Se agarran las manos sobre mi barriga.

Marina los llama «los gemelos venecianos». De hecho, Valerio es de Treviso y habla con esa dulzura arrastrada de los vénetos.

Los gemelos venecianos alguna vez se traen bocadillos de salami y pasteles de crema y se los comen juntos sentados en la cama. Son generosos, pagan bien, dejan siempre dinero de más.

Ayer se presentó uno, un tal Severino... En cuanto entró se bajó los pantalones y se puso a suplicar...

Azótame, pero fuerte, no tengas piedad… Se lo pasé inmediatamente a Erica. Después supe que le dio cien mil liras por tres horas de azotes e insultos. Encontré un montón de toallas manchadas de sangre en el baño.

Dice: ¿cómo empezaste tú? El pelo mojado sobre sus hombros desnudos. Tiene dos hombros muy delgados que dan ganas de cubrirlos con mermelada… Yo, sabes, el día después de abortar, veinte días después de haber sido violada…, me puse en la calle…, me llevé un montón de hostias…, era el sitio de otra…, puse un anuncio en el periódico: masajista discreta y severa…

Erica, digo, ¿no te parece aburrido vivir para vengarse? Un pensamiento tan aburrido como una mosca, fijo en la mente, el sabor punzante en la boca, ese cosquilleo en la barriga, esas ganas de hacer daño… Yo me divierto y encima hago que me paguen… Me pagan porque les pego, me pagan para poder odiarme, me pagan para sufrir y me pagan para sentirse mejores, amarme mejor…, y yo los hago felices.

Y tú… No sé si es por curiosidad o por amor, o por… no sé…, digo, no sé cómo… empecé…, vi a uno bajar de un coche, era feísimo, lo sabía incluso antes de verlo… que yo aceptaría…, era rubio como mi padre…, la cabeza de lejos me recordaba a él, a cómo era en la fotografía que mi madre llevaba colgada en el cuello… Un pequeño pájaro negro y los ojos verdes.

Mira, no es casualidad…, tu padre que bailaba en el pecho de tu madre…, no es casualidad… te vendes a él, o por él, o contra él, no lo sé, pero evidentemente no lo haces por ti… Cuando habla así, Erica abre los ojos y arruga la frente. Me puso un pie en la mano. El tobillo, delgadísimo, con un lazo amarillo… ¿Te echas perfume en los pies?… Se ríe, no dice ni sí ni no, sabe que tiene los tobillos como cuellos de cisne… y el lacito amarillo siempre nuevo, reluciente… Hoy llevaba unos tacones altísimos, un par de sandalias de cordones negros… Tú intentas atrapar a tu padre, yo intento atrapar a mi violador…, quizás Urano que se come a sus hijos, quizás un mozo de charcutería, son la misma persona… Marina intenta atrapar a su madre que está sangrando… ¡Qué putada, Manila, qué putada infame!

Querida mamá, te he odiado por tu brutalidad, por tu sensatez, por tus enfados, por tu seguridad insegura, por tu firmeza infinita… Ahora que empiezo a parecerme a ti y entro con mi cabeza empapada de sueños dentro de tu vientre oscuro… Querida mamá, cuéntame una vez más cómo murió papá, pero sin adornar la historia, sin tantas frases empalagosas, cómo era de verdad, antes de convertirse en algo que se balancea en tu pecho siempre en movimiento… Querida mamá, si me quieres, ayúdame a ser buena puta… Querida mamá, mis amigas y yo, Erica, Marina y yo, las otras y yo, que ocupamos esta casa compartiendo el baño, la cocina, el retrete… Querida mamá, no vengas a pisar nuestro suelo con tus zapatos perfumados…

Marina está embarazada. Erica no ha hecho más que insultarla: ha dicho que ella con un niño en esta casa no se queda, ¡que vaya a abortar! Yo estoy feliz; le he dicho: si lo tienes te ayudo a hacer de madre, así tendrá dos… No contéis conmigo, Erica estira sus bonitas piernas y nos echa el humo del cigarro en la cara, rabiosa… Marina parece contenta… pero no sabe si tenerlo o no. Por lo menos sabes quién es el padre… Bueno, no, Erica, no lo sé… Estás loca, eres tonta, ¿y si es de ese idiota que pesa un quintal y lo único que hace es tirarse pedos? No, no es de él. ¿Cómo lo sabes? Hace dos meses que no viene… ¡Pero si lo vi hace dos semanas! No, no era él… ¿Y si fuese de ese otro nazi cabrón que te dio una paliza brutal? De todas maneras, el hijo es mío, lo educaré yo, ¿qué importa él? Importa, importa…, ¿no sabes lo que es la genética? Sois dos los que lo hacéis, él y tú, él y tú. Lo alimentaré yo, lo haré yo, le hablaré solo yo, saldrá a mí, será como yo quiero… ¡Ilusa!

Discutimos hasta altas horas de la noche, interrumpidas de vez en cuando por un cliente. Yo tuve dos, pero a uno lo eché. Lo habría estrangulado. El otro subió, le dije que se desnudara y se diera prisa. A los cinco minutos lo eché. No estaba contento, pero ¿¡a quién le importa!? Hay un niño de por medio… que también es mío…

Erica ha dicho que ella se irá. Pero tal vez no lo haga. Marina ha decidido abortar. Después ha cambiado de idea, también porque yo he insistido mucho para que lo tuviera, a este hijo. La llamaremos Lucilla si es niña y Lucio si es niño. Erica ha escupido en el suelo y se ha ido a dormir.

Ha venido uno —a veces no atendemos a los desconocidos— pero a este lo ha mandado un cliente de confianza…, se llama Tordo, no sé si de nombre o de apellido. Al principio ha sido amable, ha bebido, follado con normalidad, se ha lavado, vestido. Después cuando iba a irse, ha pedido otra copa de ginebra. Se la he dado… y eso ha sido mi perdición… He visto cómo los ojos se le volvían pequeños y rojos, he visto que la boca se le ponía dura, blanca, y de repente… no había quien lo detuviera…, ha reventado la copa contra la pared, luego se ha tirado encima de mí con los puños cerrados…, he empezado a gritar..., ha llegado Erica que le ha estampado una silla en la espalda. Pero él no sentía nada..., no veía nada..., se tiraba cabeza abajo, con una fuerza desesperada, las manos llenas de cortes, contra mí, contra ella, contra los muebles, la pared, indistintamente, con el deseo ciego y feroz de destruir... Marina ha llamado a la policía... pero cuando han llegado él ya había escapado llevándose todo nuestro dinero... La casa estaba hecha un desastre..., todo roto, reventado..., a mí me han tenido que dar dos puntos en la sien... Erica tenía un corte en el brazo... En fin, un desastre...

Los policías han redactado después la denuncia entre carcajadas, insultando, insinuándose y poniéndonos las manos encima... hasta que Erica ha empezado a gritar con tanta rabia que los ha asustado y entonces se han ido dando un portazo.

Marina ha perdido al niño... Tres días en cama con una hemorragia terrible que no paraba. No quería ir al hospital porque la última vez casi muere por un aborto mal hecho... ¡Marina, de todas maneras, tienes que hacerte el legrado! Erica le preparó la maleta, pero ella, testaruda, sacudía la cabeza. Quiero morir aquí, en mi cama. Y quién dice que tienes que morir, todavía no es la hora. Tú, Erica, bromeas siempre, yo quiero morir aquí. Así que tuvimos que darle un somnífero y luego llevarla al hospital a la fuerza. Le hicieron el legrado. La metieron en una habitación con otras ochenta mujeres. No había visto nunca una habitación tan grande. Dice que lo que le dan de comer es mierda…, así que voy dos veces al día a llevarle pasta, carne, fruta. Voy y vuelvo con dos bolsas de plástico cargadas de cosas. Por suerte se ha hecho amiga de dos mujeres, una anciana de Las Marcas con trenzas blancas y una muchachilla albina que sufre del corazón. Siempre están jugando a las cartas juntas.

Lulù ha venido todo vestido de azul. Ha dicho que se casa. Pero ¿cuándo? En dos horas. ¿Y a qué ha venido? Desnúdame, Manila… Y Manila ahí con manos de hada para desnudar al gran guerrero, al atleta de hierro, al dios de todas las glorias, al del pecho bonito, al de la polla bonita, al de la cara redonda de luna llena, al del culo arrugado mierdoso que tiene que casarse en la iglesia con la mujer de su vida…

Se ha corrido antes de lo normal, en cuanto el lápiz ha entrado por el culo, y después se ha encendido un cigarro y me ha hablado de la esposa… Más que nada me caso para salir de casa, sabes…, es una bonita chica rubia, con los ojos azules…, que no dice nunca una palabra…, ni siquiera sé si me ama, pero tiene unas manos bonitas y unos pechos

85

fabulosos…, no me gusta cómo folla, se queda como un palo…, no se mueve, no colabora, se queda ahí tirada como un brócoli y no dice una palabra, no mueve un dedo…, es bonita y está tranquila, no da por culo…, quizás es un poco tontita, no lo sé, una vez me dijo que su padre la violó…, es frígida, creo…, por la noche me abraza muy fuerte y yo me voy a casar con ella por esos abrazos…, me gusta mucho dormir abrazado…, hasta los trece años dormía abrazado a mi abuela en la cama grande…, después dormía abrazado a mi primo, a veces con mamá, a veces con el gato…, no sé dormir solo, me pongo triste…, de todas maneras seguiré viniendo, Manila, tú sabes lo que me gusta, cómo me gusta…, y ahora dame un beso de felicitación por la boda…

Me ha pagado el doble de lo normal, se ha vestido y se ha ido. He salido a comprar un helado para Marina, que todavía no se ha recuperado. Cada vez que habla se pone a llorar. Ha perdido un montón de clientes…, ellos no quieren ver a quejicas… Se queda en la cama casi todo el día, lee algún periódico, fuma, escucha la radio, llora, come helado…, tiene mucho antojo de helados y en cuanto puedo voy a por ellos.

Tengo un retraso de dos semanas. Querida mamá, tengo miedo de haberme quedado embarazada. No sé si decírselo a Marina, tengo miedo de ponerla triste. Erica lo ha adivinado. O me ha visto preparar el bote de orina para el análisis, no lo sé… Ha entrado en mi habitación, ha destrozado todo, me ha montado un pollo y ha dicho que el próximo mes, si no aborto, se muda. Yo he decidido tenerlo. Quiero tener a este niño. Que estoy segura de que será una niña. He hecho la prueba de colgar un anillo de un pelo y balancearlo sobre la barriga… Si oscila a lo largo es un macho, si oscila en círculos es una hembra. Ha girado en círculos…, estoy contenta… Querida mamá, si es una niña la llamaré como tú, Giuseppina, aunque es un nombre que odio, que encuentro estúpido, vulgar, común… Mi hija Giuseppa, mi hija Pina, mi hija Peppa, que nunca sabrá quién es su padre… ¿Será el hermoso y rubio Lulù con el culo arrugado o será Tordo con los ojos sangrientos y malvados?, ¿o será de Severino, que tiembla por el deseo de ser pegado, o será de Gino, el de los lunares, y ella también tendrá la Osa Mayor, la Osa Menor, Casiopea, Venus y la Cruz del Sur esparcidas por el cuerpo?…

Mi hija será solo mía…, ella y yo, yo y ella…, con ese pequeño nombre campesino que nos recordará a nuestras antepasadas rurales, a mi madre la verduga, a mi abuela la tacaña, a mi bisabuela que tenía un corazón de plata y murió envenenada, a todas las mujeres que se han ganado la vida y han muerto llenas de amor y miedo…

Mi hija soy yo, pero también será mi madre, pues se llama como ella, Giuseppa con corazón de leona, como la abuela de mi abuela, Giuseppa la de los dientes de lobo, que no tendrá miedo a nada y entenderá todo, mi madre Giuseppa que me ha enseñado a moverme por el mundo como una pantera, decidida y silenciosa, con la piel del color de la noche, las patas tranquilas y suaves, los ojos penetrantes, el corazón firme y una alegría explosiva dentro de los músculos tensos… La madre de la hija de la madre de la hija dentro de un vientre dulce y furioso, dentro de un mundo no nuestro, haremos una cadena de cuerpos que nos unirá a nuestras antepasadas, y nos beberemos nuestras lágrimas para escupir carcajadas en la cara de los mandriles, de los leones, de los babuinos… Giuseppa, Giuseppa soy yo… Dadme una patada, rodaré… Dadme un puñetazo, saltaré, dadme una puñalada, renaceré, porque yo soy Giuseppa Manila, mi nacimiento y mi muerte, os roeré el corazón, os haré cantar de miedo… Giuseppa, Giuseppa, Giuseppa… *(Baila sola)*.

Entrevista a Dacia Maraini

SILVIA DATTERONI: **El monólogo teatral *Una casa di donne* se escribió a finales de los setenta y puede considerarse el reflejo de una época y un contexto cultural y político vibrante, y reivindicativo en lo tocante a los derechos de las mujeres. Si tuviera que reescribirlo hoy, ¿qué cambiaría usted? ¿Cómo se imagina a Manila en nuestra sociedad?**

DACIA MARAINI: Las cosas han cambiado mucho en lo que concierne a la prostitución. Todavía hay mujeres que, como Manila, venden su cuerpo por decisión personal, pero hay una multitud de prostitutas, a menudo menores, que son vendidas y compradas por comerciantes sin escrúpulos, y que son esclavas. Las prostitutas callejeras son todas así. Las demás, las más sofisticadas, las más caras, las más libres, venden su cuerpo en casa. Al menos así sucede en Italia. Desconozco la situación española.

En entrevistas anteriores usted ha explicado que todos los personajes de sus obras son inventados. Cuando no inventa es porque habla de su vida o de la vida de su familia. ¿Existe un género en el que usted diga «yo»?

No. Cuando hablo de mí, lo hago abiertamente y el libro se convierte en un *récit,* como dicen los franceses, a saber, una mezcla de autobiografía y reflexiones sobre temas que estoy removiendo mientras escribo.

En una de sus entrevistas anteriores usted afirma que el teatro es «el momento civil». ¿Cómo considera la narrativa? ¿Y la poesía? ¿Apuesta usted por un género en particular a la hora de comunicar con su público?

Se puede comunicar de muchas maneras. El teatro, como he dicho, comunica de forma simbólica, pero muy directa e inmediata. La narrativa comunica de manera más compleja y realista y, sin embargo, está poco conectada con la actualidad, salvo que se trate de un libro que aborde aposta noticias y sucesos actuales, pero en este caso es periodismo y no narrativa. La poesía comunica a través de un proceso muy vinculado al sonido. Cada frase tiene un ritmo y una melodía específicos, y transmite emociones inmediatas, siempre y cuando resulte verdadera y profunda.

Dentro de su variada producción artística, que incluye diferentes géneros como narrativa, teatro, poesía y ensayo, uno de los principales temas que usted aborda de manera transversal es la construcción en torno a la condición femenina: analiza la problemática de manera pormenorizada, teniendo en cuenta las infinitas contradicciones y las múltiples facetas de lo que podríamos definir «cuestión femenina». ¿Cómo cambia la manera de abordar este tema según el género literario? ¿Existe una diferencia en términos de implicación emocional y de intención intelectual entre *Una casa di donne, Donne mie* y *Tre donne,* por ejemplo?

No considero que haya una diferencia en lo que respecta a la implicación emocional, pero sí que hay muchas diferencias entre una emoción y la otra. Como ya he dicho, el teatro habla a través de los cuerpos de los actores y todo está incluido en el diálogo. Allí no hay descripciones o intervenciones del autor. Ello restringe el teatro a su ámbito específico, y potencia al mismo tiempo el mensaje. Por esta misma razón se presta a la política, aunque se trate de política social y no la de los partidos. La prosa permite profundizar, ironizar, investigar el carácter de los personajes y su relación con el mundo. Clara Reeve, en su *Progress of romance,* escrito en 1785, construye una teoría de la novela muy interesante:

para ella existe el *romance* y la *novel*. El *romance* procede de la epopeya y es una «*heroic fable, which treats of fabulous persons and things*», como escribe la autora. La *novel*, en cambio, es «*a representation of real life and manners, in the time in which the writer lives*». No podría expresarlo mejor. Swift y Kafka por un lado, Dickens y Tolstói del otro.

El monólogo teatral *Una casa di donne* es de 1977. Cuatro años antes se estrenó *Dialogo di una prostituta con un suo cliente*. En ambas piezas usted pone a Manila en el centro de la escena: misma historia, misma protagonista, mismo mensaje civil y político. ¿Qué más tenía que decirnos la Manila del monólogo que no hubiese hecho en el diálogo?

Cuando un personaje cobra vida en la mente del autor, suele volver a dar señales de vida. Hala, aquí estoy, ¿qué quieres de mí? Generalmente el personaje sonríe y responde: lo sabes muy bien, quiero ser contado, más bien contada.

En 1973 comienza la extraordinaria etapa feminista representada emblemáticamente por el Teatro della Maddalena. ¿Cómo recuerda dicha experiencia? ¿Mantiene algún vínculo contextual con la redacción del *Dialogo* y del monólogo?

Todo vale, como suele decirse. Es decir, que cada experiencia entra en la carne y en la sangre de quien escribe. Pero luego se mezcla con la observación de la vida ajena y con la imaginación que camina y camina sin parar.

En una entrevista anterior usted ha declarado que cada traducción es «un compromiso entre lo absoluto del escritor y lo posible del traductor». *Una casa di donne* se publicará en español gracias a tres jóvenes traductoras que se han medido con un texto complejo y con un género —el teatro— al que los estudios especializados suelen dedicar menos atención que a la poesía o a la narrativa. Entre las peculiaridades de los textos teatrales hay que incluir el uso de medios y registros expresivos que se sitúan entre la oralidad y la escritura. Esta hibridación sin duda presenta cierta criticidad para los expertos y puede entorpecer la especificidad de un tipo de escritura surgida en un determinado contexto histórico y social. Volviendo a sus declaraciones, ¿en qué momento hallaría usted el «absoluto» en *Una casa di donne*?

La traducción es un compromiso, pero a veces los compromisos tienen un final feliz. Todo depende de la creatividad de quien traduce.

Cada escritor tiene su producción «dispersa». *Una casa di donne* **ha permanecido inédita durante muchos años. ¿Por qué, en su momento, decidió no publicar el texto?**

La decisión no dependió de mí sino de los editores, poco propensos a publicar piezas teatrales porque, de hecho, la gente no las compra.

Durante la traducción hemos tenido la oportunidad de reflexionar sobre la sorprendente actualidad de la obra, que sin embargo se inserta en un momento histórico caracterizado por movimientos de gran empoderamiento de la mujer y del cuerpo femenino. ¿Qué puede enseñar Manila, hoy en día, a las jóvenes generaciones?

Intento no pensar en términos de mensaje. No tengo mensajes que dar. Intento involucrar a quien me escucha o a quien me lee en reflexiones sobre el tema que estoy tratando. Como he dicho, la prostitución, en estos tiempos de inmigración, ha cambiado, pero el negocio del cuerpo humano sigue siendo uno de los más desgraciados y crueles intercambios comerciales que podamos imaginar.

Índice